Zürich – Kleine Stadtgeschichte

D1735022

Thomas Lau

Zürich

Kleine Stadtgeschichte

VERLAG FRIEDRICH PUSTET
REGENSBURG

Umschlagmotiv:
Zürich mit der Limmat mit Blick auf die Fraumünsterkirche,
St. Peter, das Helmhaus und Grossmünster. –
Gemälde von Otto Pilny,1896.
Aufnahme: Christie's Images Ltd – ARTOTHEK

Bibliografische Information der Deutschen Nationalbibliothek
Die Deutsche Nationalbibliothek verzeichnet diese Publikation
in der Deutschen Nationalbibliografie; detaillierte bibliografische
Daten sind im Internet über http://dnb.dnb.de abrufbar.

2. korrigierte und aktualisierte Auflage 2017

ISBN 978-3-7917-2942-8
© 2005 by Verlag Friedrich Pustet, Regensburg
Reihen-/Umschlaggestaltung und Layout:
Martin Veicht, Regensburg
Satz: Vollnhals Fotosatz, Neustadt a. d. Donau
Druck und Bindung: Friedrich Pustet, Regensburg
Printed in Germany 2017

Diese Publikation ist auch als eBook erhältlich:
eISBN 978-3-7917-6123-7 (epub)

Weitere Publikationen aus unserem Programm finden Sie auf
www.verlag-pustet.de
Kontakt und Bestellungen unter verlag@pustet.de

Inhalt

Auf dem Lindenhof – Spaziergang durch die Geschichte einer Stadt

Zeitungsleser und Schachspieler, Ruhesuchende und Schaulustige, Kinder und Bankiers – zur Mittagszeit sind sie alle hier anzutreffen. Inmitten der umtriebigen Zürcher Innenstadt wirkt der Lindenhof, als sei er aus der Zeit gefallen. Unter dem Blätterdach von 55 Linden bietet er Bürgern und Besuchern eine Bühne der gemächlichen Selbstdarstellung. Vor allem aber kann der Betrachter von hier aus einen faszinierenden Blick auf das pulsierende Leben werfen, das sich zu seinen Füssen abspielt.

Der Platz auf der markanten Erhebung am linken Limmatufer wurde bereits seit dem frühen 14. Jahrhundert vor privater Aneignung geschützt. Er sollte unbebaut und allgemein zugänglich bleiben. Der Lindenhof blieb abseits der lautstarken Märkte. Als öffentlicher Garten mahnte er zur Ruhe und Selbstbesinnung. Er war gleichsam das Gegenstück zum höfischen Park, der durch die ordnende Hand eines Fürsten in ein irdisches Paradies verwandelt wurde. Ähnlich wie die Münsterplattform in Bern oder der St. Petersplatz in Basel war er ein Ort, der Fest- oder Grossveranstaltungen einen gemessenen Rahmen verlieh und an dem die Bürgerschaft ihre Fähigkeit zur Selbstbeherrschung demonstrierte. Im 14. Jahrhundert hielt die Stadt hier Gerichtstage ab. Hochämter wurden auf dem Lindenhof gefeiert, Prozessionen machten unter seinem Blätterdach Station.

Seit der Reformation diente er vor allem als gesellschaftlicher Treffpunkt. Armbrustschützen und Zünfte waren an diesem Ort präsent. Kundgebungen aller Art wurden unter dem Blätterdach des Platzes abgehalten. 1522 trafen sich auf dem weitläufigen Areal die Anhänger der radikalen Reformation. 1713 war das künstliche Hochplateau Schauplatz einer Bürgerversammlung, die Veränderungen in der Stadtverfassung forderte. 1798 leisteten die Bürger hier unter freiem Himmel ihren Eid auf die Helvetische Verfassung. 1838 veranstaltete die Zunft zu Schmiden auf dem Hof aus Anlass des Endes der alten Zunftverfassung eine „Zunftbeerdigung".

Die stille Erhabenheit des Parks wurde durch seine Unwandelbarkeit unterstrichen. Auf Akzeptanz stiess bei den Bürgern lediglich der Bau von Umfassungsmauern und Treppen. Veränderungen auf dem Platz selbst hingegen stiessen auf Widerstand. Statuen, wie ein nach 1780 aufgestelltes Telldenkmal, standen stets in der Gefahr, von Gegenkräften zerstört zu werden. Hauptgliederungsmerkmal des Platzes blieben die Linden, die seit dem 18. Jahrhundert streng geometrisch gepflanzt wurden. Ihre Zahl wurde seit dem 16. Jahrhundert lediglich um drei Bäume vermehrt. Versuche, den Bewuchs zu verändern, scheiterten. Die 1865 nach schweren Sturmschäden gepflanzten Akazien, Kastanien und Götterbäume mussten wieder abgeholzt werden.

Auf den Trümmern der Vergangenheit

Die Weihe des Ortes beruht nicht zuletzt auf der Erinnerung an jene Gebäude, die einst auf ihm standen. Das vergangene Gesicht des Lindenhofes kann der heutige Besucher in den Kellern des angrenzenden Logengebäudes bestaunen. Dort wurden die Fundamente eines römischen Bauwerks zugänglich gemacht.

Die Überreste vergangener Zeiten, die die Erde des Lindenhofes im Verlaufe der Jahrhunderte immer wieder freigab, erwiesen sich indes als sperrige Zeugen. Bis in jüngste Zeit fungierte die höchste Erhebung einer von der letzten Eiszeit geschaffenen Endmoräne als Spielverderber für jene, die die Vergangenheit der Stadt für ihre Zukunft nutzbar machen wollten. Wer nach Beweisen für eigene Geschichtsbilder suchte, fand in der Erde des Hügels meist das Gegenteil.

Eine heroische Gründungsgeschichte, die bis in vorhistorische Zeiten zurückreichte, hoffte schon Heinrich Brennwald seiner Stadt um 1520 zueignen zu können. Viele sollten ihm in dem Versuch folgen, die Stadt auf diesem Wege gleichsam zum ewigen Vorort der Eidgenossenschaft zu erklären. Die

Realität, so zeigten archäologische Funde seit Mitte des 20. Jahrhunderts, war indes wohl wesentlich bescheidener. Weder die keltischen noch die römischen Besiedlungsreste zeugen von einer hohen Zentralitätsfunktion der betreffenden Agglomerationen.

Kelten und Römer

Unstrittig ist die lange Kontinuität innerhalb des Siedlungsraumes, der heute von der Stadt Zürich ausgefüllt wird. Am unmittelbaren Ufer des Sees (so am kleinen Hafner oder am Bauschänzli) aber auch auf dem Uetliberg lebten Menschen bereits vor 6000 Jahren. Eine permanente Besiedlung des heutigen Innenstadtbereichs erfolgte vermutlich im 2. vorchristlichen Jahrhundert. Von Bedeutung war vor allem der Lindenhof. Die von Hochwasser und militärischen Gefahren schützende Lage des Hügels begünstigte die Entstehung einer kleinen keltischen Ortschaft. Ihre noch bescheidene Bedeutung speiste sich vor allem aus der verkehrstechnisch günstigen Position am See. Sie war es auch, die das römische Militär bereits vor 15. v. Chr. dazu bewog, eine

Römischer Grabstein, der am 15. Mai 1747 auf dem Lindenhof gefunden wurde. Der römische Vorsteher des Zollpostens Zürich (Turicum) widmete ihn zwischen 185–200 n. Chr. seinem im Kleinkindalter verstorbenen Sohn. – SNM – Landesmuseum Zürich

11

kleine Garnison hier zu stationieren. Die römische Zeit scheint dabei nahtlos an die keltische Besiedlung angeknüpft zu haben. Das Kastell auf dem heutigen Lindenhof erhielt das „Vicus Thuricum" schliesslich im 4. Jahrhundert.

Nichts deutete demnach auf die spätere Bedeutung der Stadt hin, nichts auf ihren Anspruch, ein neues Jerusalem, ein neues Athen, ein neues Rom zu sein. Und doch wurden die römischen Bauten an der Limmat zum Ausgangspunkt künftigen Wachstums.

»Unser und unseres Reiches Stadt« – zwischen Kaiseradler und Schweizerkreuz

Die vornehmste Stadt in Schwaben

Friedrich von Hohenstaufen und Berthold von Zähringen hatten über Jahre erbittert um das Herzogtum Schwaben gestritten. Schliesslich habe, so erläuterte der Chronist Otto von Freising, Friedrich seinen Widersacher dazu gezwungen, um Frieden zu bitten. Die Bedingungen, die der Staufer ihm 1098 stellte, waren milde. Berthold musste zwar auf Schwaben verzichten, durfte jedoch seinen Herzogtitel behalten und er erhielt Zürich, das Otto in einer berühmten Wendung als „nobilissimum Sueviae oppidum" – als edelste Stadt Schwabens – bezeichnete. Der erste staufische Herzog hatte sich gegenüber dem Zähringer als grosszügiger Sieger erwiesen.

Angesichts der Bedeutung des historischen Augenblicks widmete der Lobredner des staufischen Kaiserhauses der Bühne des Geschehens einige kurze, aber prägnante Worte. Zürich sei eine Stadt, die ihr Tor mit dem Satz geschmückt habe, sie sei an Gütern und Ehren reich. Günstig an einem See gelegen, hätten Mailänder Untertanen des Kaisers sich hier zu verantworten, wenn sie vor Gericht gefordert worden seien. Was die Zugehörigkeit der Stadt angehe, so dürfe sie als ein Vorort Schwabens gelten und gehöre damit zu den deutschen Landen. Die Aussagen des Chronisten, der übrigens die Limmat und den Genfer See miteinander verwechselt, sind in ihrem Quellengehalt mit Vorsicht zu behandeln. Sie vermitteln aber einige interessante Hinweise auf die Bedeutung, die die Zeitgenossen Zürich zumassen.

Deutschland und Schwaben – jene losen Rechts- und Ehrgemeinschaften, die Orientierung stiften und Zugehörigkeit erzeugen sollten – bedurften der Stätten, an denen sie Gestalt annehmen konnten. Zürich eignete sich zu diesem Zwecke offenbar in besonderem Masse. Warum? Nun, diese Frage lässt sich angesichts der wenigen Quellen, die uns zur frühen Stadtgeschichte zur Verfügung stehen, allenfalls umrissartig beantworten.

Von der Burg zur Stadt

Begeben wir uns einige Jahrhunderte zurück: Dass die Stadt an der Limmat nicht mit dem Abzug der römischen Truppen verödete, wissen wir von den Toten. Ein von Archäologen freigelegtes Gräberfeld an der Bäckerstrasse konnte auf das 6. Jahrhundert datiert werden. Weitere fünf Gräber, die an der Chormauer von St. Peter entdeckt wurden, sind wohl dem 5. bis 7. Jahrhundert zuzuordnen.

Etwa zur selben Zeit findet sich beim anonymen „Geographen von Ravenna" die Ortsbezeichnung „Ziurichi" – woher der Name stammt, ist unbekannt. Erste konkrete Informationen über Zürich finden sich erst im 8. Jahrhundert mit dem Auftauchen eines Grafen Pebo, der zwischen 741 und 746 im Zürichgau, einer Untereinheit des Thurgaus, wirkte. Kurz darauf, um 760, wird auf Betreiben zweier Vertrauensleute des Frankenkönigs Pippin der Fiskus Zürich gebildet. Das Königsgut nördlich des Zürichsees wurde also einer gesonderten Verwaltung durch königliche Bedienstete unterworfen. Etwa 60 Jahre – bis zur Reichsreform Ludwigs des Frommen – hatte diese Regelung Bestand. Dann erhält der Zürichgau eigene Grafen (die ab 819/20 nachweisbar sind). Die zuvor erwähnte Fiskalverwaltung wurde damit nicht abgeschafft, wohl aber reduziert.

Die karolingischen Könige und ihre Getreuen interessierten sich massiv für Güter, auf die die Krone – aus welchen Gründen auch immer – besondere Rechtsansprüche erheben konnte. Nur mit Hilfe dieser Ländereien konnten Kriegszüge finanziert, Königsumritte organisiert und Getreue versorgt werden. In der Umgebung Zürichs waren sie in grosser Zahl vorhanden. Das unterschied diesen Ort von anderen.

Zudem befand sich in Zürich ein Sicherungskomplex, der den Zugriff auf diese Krongüter erheblich erleichterte. Archäo-

14

logische Befunde legen den Schluss nahe, dass das römische Kastell auf dem Lindenhof fortbestand. In welchem Umfang es erweitert wurde und wie die Nutzung konkret aussah, wissen wir nicht. Dass im 9. Jahrhundert ein neues Gebäude hier errichtet wurde, darf allerdings als gesichert gelten. Die römische Befestigung wurde zur Burg und unterhalb ihrer Mauern war bereits zu dieser Zeit eine Siedlung entstanden, die in den Urkunden als eigenständige Einheit benannt wurde.

Beide – Burg und Siedlung – gewannen im Laufe der nächsten beiden Jahrhunderte an Profil. Aus dem Kastell wurde in den Urkunden Mitte des 11. Jahrhunderts ein „imperiale palatium" – eine Kaiserpfalz. Wann genau das zweigeschossige Gebäude, dessen Fundamente bei Grabungen freigelegt wurden, entstanden ist, lässt sich nicht belegen. Tatsache ist jedoch, dass zwischen 952 und 1055 zwölf Besuche eines Kaisers in Zürich verzeichnet wurden.

Zürich war zu einer eindrucksvollen Bühne geworden, auf der sich kaiserliche Macht inszenieren liess. Burgundische und italienische Gefolgsleute und Bündnispartner wurden hier empfangen und politische Weichenstellungen vorgenommen. Der Glanz kaiserlicher Präsenz zog auch die schwäbischen Herzöge an, die die Pfalz gleichfalls nutzten, um hier ihre Hoftage abzuhalten.

Der Ort an der Limmat war nun weit mehr als ein übrig gebliebenes römisches Kastell, um das sich eine Siedlung gebildet hatte. In Urkunden firmiert er bereits als „Civitas" – als Stadt. Ab dem 9. Jahrhundert wurden hier Münzen geprägt. Für das 10. Jahrhundert ist die Erhebung von Zöllen und die Abhaltung von Märkten belegt. Der Nachweis von Zürcher Zahlungsmitteln in Skandinavien und die Erwähnung von Zürcher Kaufleuten in einem Koblenzer Zollregister aus dem 11. Jahrhundert zeigt, dass der Handel an Bedeutung gewonnen hatte. Die Stadt profitierte dabei nicht nur vom Wohlwollen der gekrönten Häupter, sondern auch von ihrer günstigen Verkehrslage am See und religiösen Attraktionen, die kauffreudige Pilger in die Stadt zogen.

Noch bestand Zürich aus mehreren Siedlungskernen und Rechtsbezirken. Noch stand das, was einmal zu einer Stadt werden sollte, auf dem Grund und Boden verschiedener Herren. Sie alle forderten die Treue ihrer Gefolgsleute. Auch der rechtliche Status der Einwohner unterschied sich stark voneinander. Freie, Unfreie und Freigelassene waren gleichermassen im Schatten der Burg zu finden.

Die gesellschaftlichen und wirtschaftlichen Verflechtungen zwischen Zürichs Siedlungskernen waren ungeachtet dieser eigenwilligen Gemengelage eng. Davon zeugte auch der Bau eines zweiten Limmatüberganges sowie von Befestigungsanlagen, die Stadt und Umland nach neueren Untersuchungen wohl bereits im 11. bzw. 12. Jahrhundert deutlich voneinander abgrenzten.

Die Bedeutung von Königen und Herzögen für die weitere Stadtentwicklung nahm demgegenüber allmählich ab. Zwar wurde die Verteidigungsfähigkeit der Burg durch Umbauten im 11. möglicherweise auch im 12. Jahrhundert noch einmal gestärkt, die Zeit der Kaiserpfalzherrlichkeit war indes vorüber. Die Zähringer, die in Freiburg oder Bern als überaus rührige Stadtgründer und Stadtgestalter agierten, zeigten an Zürich offenbar kein gesteigertes Interesse. Dies mochte auch daran liegen, dass die Grafen von Lenzburg als Kloster- und Stiftsvögte in Zürich auftraten und damit eine konkurrierende Gewalt darstellten. Als das Grafengeschlecht 1173 ausstarb und die Vogtei an die Herzöge fiel, änderte sich nur wenig, denn auch die Tage der Zähringer waren gezählt. Mit dem Tod Bertholds V. im Jahre 1218 erlosch die Hauptlinie des stolzen Herzogsgeschlechts.

Die Burg verlor an Anziehungskraft und begann zu verfallen. Bereits um 1271 war die Pfalz offenbar verschwunden. Die Stadt des Königs wurde zu einer Stadt der Bürger, die nun nach anderen Formen der Sinngebung suchten. Es waren vor allem die von den Königen reich ausgestatteten Kirchen und Klöster, die diese Aufgabe zu erfüllen hatten.

Heilige Orte

Der Kult um Felix und Regula

Felix und Regula waren vom römischen Kaiser Maximian schnell aufgespürt worden. Er liess an den beiden Missionaren, die im Umfeld der legendären Soldaten der thebaischen Legion das Christentum nach Norden getragen hatten, ein Exempel statuieren. Widerriefen sie nicht, so waren sie des Todes. Decius, sein Statthalter, kam dem Befehl getreulich nach. Nachdem das gläubige Geschwisterpaar jedem Versuch gegenüber standhaft blieb, ihnen ein Bekenntnis für die alten Götter abzuringen, wurde es auf bestialische Art gefoltert. Als schliesslich kaum noch Leben in den gemarterten Körpern festzustellen war, trennte der Henker ihnen mit dem Schwert die Köpfe vom Leib.

Der Tod indes hatte keine Macht über diese beiden Diener Gottes. Kaum waren ihre Häupter zu Boden gerollt, da nahmen Regula und Felix sie auch schon in die eigenen Hände und erhoben sich.

Das Martyrium von Regula, Felix und Exuperantius; im Bildhintergrund findet sich die erste Zürcher Stadtansicht. – Tafelgemälde von Hans Leu d. Ä., entstanden zwischen 1497 und 1502. SNM – Landesmuseum Zürich.

Von ihrem Richtplatz an den Gestaden der Limmat bis zur ihrer künftigen Ruhestätte im heutigen Grossmünster legten sie 40 Ellen eines steilen und schweisstreibenden Weges zurück, um sich auf einem von Gott selbst erwählten Ort niederzulassen und dort ihr irdisches Leben zu beschliessen.

Die Geschichte von den beiden Märtyrern Felix und Regula findet sich erstmals in einer Heiligenlegende aus dem 9. Jahrhundert. Sie sollte für das Wachstum ebenso wie für die Gestaltung Zürichs von wesentlicher Bedeutung werden. Schon zu karolingischer Zeit waren die sterblichen Überreste der beiden Heiligen für die Limmatstadt von unschätzbarem Wert. Ob die Legende einen historischen Kern besitzt, ist völlig unklar. Dessen ungeachtet verlieh der Kult um Regula und Felix dem Ort Unverwechselbarkeit und platzierte ihn zugleich in einen grösseren Bezugsrahmen – immerhin hatte die Verehrung der Angehörigen der Thebaischen Legion bis hin zum Oberrhein Anhänger gefunden.

Am angeblichen Grab der beiden Märtyrer wurde offenbar schon im 8. Jahrhundert ein Sakralbau errichtet und eine Klerikergemeinschaft begründet. Sie erhielt im 9. Jahrhundert den Status eines Chorherrenstifts – Geistliche mit vornehmer Herkunft und reichlicher Versorgung hatten künftig die Verehrung der heiligen Gräber sicherzustellen. Die karolingischen Herrscher und ihre Nachfolger vermehrten die Güter dieser Kanoniker. Die steigende Bedeutung des Stifts und seine Anziehungskraft auf den umliegenden Adel zeigten sich in Erweiterungen und Veränderungen des Kirchenbaues, in dem die Stiftsherren wirkten. Zwischen 1100 und 1230 entstand in sechs Phasen das Grossmünster. Die beiden mächtigen Türme, deren Silhouette die Stadt bis heute prägt, sollten allerdings erst im 15. Jahrhundert angefügt und bis zum Ende des 18. Jahrhunderts mehrfach verändert werden.

So eindrucksvoll das Münster sein mochte, mächtiger war zunächst das Fraumünster auf der gegenüberliegenden Uferseite. Diese Benediktinerinnenabtei war bereits 853 begründet worden. Um ihrer Wirkungsstätte die notwendige Ausstrahlungskraft zu verleihen, wurde ein Teil der Leichname der beiden Märtyrer in ihre Mauern überführt. Die Nähe des neuen

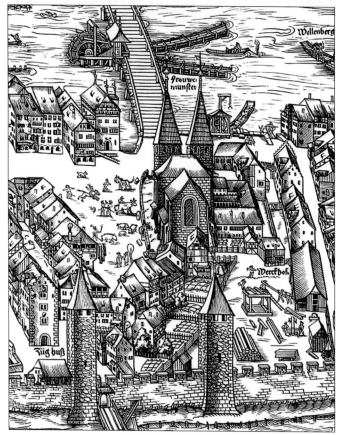

Das Fraumünster. –Zürcher Stadtansicht des Kartografen Jos Murer, 1576 (Detail).

Baus zum Kastell war bezeichnend für die enge Kooperation zwischen der Krone und der Abtei. Bereits zu Zeiten Ludwigs des Deutschen wurde sie zu einem reichhaltig ausgestatteten Verwaltungszentrum des königlichen Besitzes.

Beide Kirchengebäude – Grossmünster und Fraumünster – bildeten die stolzen Eckpfeiler einer Zürcher Frömmigkeitsachse, die im 9. Jahrhundert Gestalt annahm. Die Stadt bekam ein Gesicht – die Türme der Kirchen verliehen ihr Bedeutung, religiöse Weihe und schufen Orientierung. Zugleich verwiesen sie auf den bescheidenen und doch gesegneten Ursprung der Metropole, befand sich doch auf halber Strecke zwischen den beiden wuchtigen Gebäuden eine kleine Insel in der Limmat. Sie markierte die Richtstätte der Stadtpatrone. Schriftliche Belege für diese Identifizierung datieren zwar erst aus dem 13. Jahrhundert, archäologische Funde belegen jedoch, dass die Verehrung des sogenannten Opfersteins bereits weit früher einsetzte. Um das Jahr 1000 wurde die Bedeutung dieses Punktes durch den Bau der Wasserkirche unterstrichen, in deren Krypta der Opferstein noch heute besichtigt werden kann.

Prozessionen als Spektakel der Selbstdarstellung

Die den beiden Heiligen geweihten Kirchen waren Anziehungspunkte für Pilger und Bühnen festlichen Gedenkens. Religiöse Feste wurden nicht nur in den Kirchenräumen selbst zelebriert. Letztere waren vielmehr Ausgangs- und Haltepunkte von Sakraments-, Bitt- und Reliquienprozessionen. Das religiöse Leben der Stadt war von geordneten Bewegungen geprägt. Die Gemeinden des Grossmünsters, des Fraumünsters und St. Peters – einer Pfarrkirche, die seit dem 9. Jahrhundert bestand – zogen gemeinsam singend und betend durch die Gassen. Für einen Moment verschmolz die Stadt zu einer grossen Religionsgemeinschaft, und doch gaben die Prozessionen auch einzelnen Gruppen die Möglichkeit, ihr eigenes Profil zu schärfen. Der Zug durch die Stadt war zugleich ein Versuch der Sinngebung. Das Häusermeer wurde als Schauplatz des Heils gedeutet, als Ordnungssystem, das dem Einzelnen Halt gab.

Als 1218 der letzte Zähringer Herzog verstarb, war ein Ankerpunkt dieses steinernen Kosmos entfallen. Wer sollte an seine Stelle treten? Der Kaiser hatte die Äbtissin des Fraumünsters als neue Stadtherrin anerkannt. Doch neben dieser mächtigen Instanz rangen nun weitere Gruppen um Einfluss und Deutungshoheit.

Die vornehme Kanonikergemeinschaft des Chorherrenstifts, die vor allem Landadlige und einflussreiche Bürgerfamilien anzog, war in dieser Hinsicht besonders aktiv. Im Jahre 1233 erwarb das Stift eine kostbare Karlsreliquie. Da Karl der Grosse

die Gräber von Felix und Regula (nach einer von den Kanoni-
kern verbreiteten Sage) wiedergefunden hatte, liess sich seine
Verehrung problemlos in die Zürcher Sakrallandschaft einfü-
gen. Der Kult um die beiden jenseitigen Stadtherrn erhielt
durch ihn einen aristokratischen Charakter. Das Grossmünster
wurde gleichsam zum Hof des heiligen Kaisers und damit zum
neuen Mittelpunkt der Stadt.

Die Umdeutung der beiden Stadtheiligen Felix und Regula
war nicht nur gegen die Benediktinerinnen gerichtet, sondern
auch gegen die Bürgergemeinde. Dieses Gremium, das nach
dem Aussterben der Zähringer erstmals in Erscheinung trat,
hatte sich um 1225 ein eigenes Siegel gegeben. Neben Felix und
Regula ist hier (im Übrigen bis heute) noch ein dritter Enthaup-
teter – der heilige Exuperantius – zu sehen. Dieser war keineswegs aristokratischer Herkunft, sondern, so liess man wissen, der
Diener des römischen Missionspaares. Auch er sei hingerichtet
worden und den beiden anderen Enthaupteten auf ihrem Weg
hinauf auf den Grossmünsterhügel vorangeschritten.

Der neue Märtyrer signalisierte das Bedürfnis und die Fähigkeit der Stadtgemeinde, eigene religiöse Leitbilder zu entwickeln. Die drei Enthaupteten, mit denen sie ihre Stadtsiegel
schmückten, zeigten die Gleichheit dreier ungleicher Märtyrer
vor Gott. Sie waren Leitbilder, die auch den Aufsteigern und
Handwerkern der Stadt zu vermitteln waren und sie zugleich
von den grossen geistlichen Gemeinschaften abgrenzten. Deren
Dauerrivalitäten eröffneten dem Rat immer wieder Möglichkeiten, die eigenen Kompetenzen zu erweitern. So etwa im Jahre
1375, als es zu einem folgenschweren Unfall kam.

„Prozessionsunfall"

Die Äbtissin des Fraumünsters und der Propst des Grossmünsters
waren anlässlich der Pfingstprozession auf dem Kornmarkt zusam-
mengetroffen. Keiner der beiden wollte dem jeweils anderen den
Vortritt lassen. Der nun entstehende Rückstau der nachrückenden
Prozessionsteilnehmer führte zu einer Menschenansammlung auf
der Rathausbrücke, die die Kapazitäten des Bauwerks überstieg.
Die Brücke stürzte ein und acht Menschen ertranken.

Die beiden wichtigsten kirchlichen Würdenträger hatten sich als unfähig erwiesen, ihre Konflikte selbst beizulegen, und damit den Rat als Schiedsrichter geradezu auf den Plan gerufen.

Eine genaue Choreographie religiöser Grossereignisse wurde angesichts der steigenden Zahl dieser Gemeinschaften in der Stadt zu einer unabweisbaren Notwendigkeit. Wie verwirrend vielschichtig die Zürcher Sakrallandschaft zwischen dem 13. und 15. Jahrhundert wurde, zeigte eine zeitgenössische Schilderung der Prozession zu Ehren der Stadtpatrone aus den 1480er Jahren. Neben den Chorherren und Benediktinerinnen waren nun auch Bettelmönche, Bruderschaften und die prachtvoll ausgestatteten Zünfte an ihr beteiligt. Gemeinsam begab man sich zum Lindenhof. Dort lasen die Bettelorden in drei verschiedenen Zelten unablässig die Messe. Im vierten Zelt, dem Bürgerzelt, wechselte der Orden, der das Hochamt für die Stadtpatrone feiern durfte, nach dem Rotationsprinzip jährlich ab. Auf dem Lindenhof fand damit eine wahre Heerschau städtischer Frömmigkeit statt. Eine wachsende Zahl von Klerikergemeinschaften präsentierte hier den Bürgern eine immer breiter werdende religiöse Angebotspalette.

Die reichen Bettler – Klöster verändern die Stadt

Es waren vor allem die Bettelorden, die diese Veränderung ermöglicht hatten. Der erste von ihnen, die Dominikaner (Prediger), hatte sich bereits 1230/31 in Zürich niedergelassen. Die Franziskaner folgten im Jahre 1238, die Augustinereremiten 1270. Im Jahre 1251 war zudem das Dominikanerinnenkloster von Oetenbach durch eine veränderte Führung der Mauern in die Stadt integriert worden.

Sie alle hatten sich am Rande der Stadt, meist in unmittelbarer Nähe zur Stadtmauer, angesiedelt – und glichen Grenzmarken, die Zürich von seinem Umland trennten. In der Tat waren die Bettelorden auf Massenseelsorge spezialisiert und damit vornehmlich städtische Phänomene. Ihre markanten Kirchen wurden zu Kristallisationskernen ganzer Stadtviertel. Dies galt vor allem für die Dominikaner, die sich aktiv für die Ansiedlung alleinstehender Frauen im Umfeld ihres Konvents einsetzten.

Die Predigerkirche, deren südliches Seitenschiff 1609 neu erstellt wurde;
das Dach des Hauptschiffs wurde 1663 erneuert. – Stich nach Bluntschli.

Viele von ihnen bildeten eigene wirtschaftlich – religiöse Ver-
sorgungsgemeinschaften. Ähnlich wie in anderen Teilen Europas verdichtete sich diese Laienbewegung zu Beginenhöfen, die
in Zürich von den Predigern und dem kleinen Nonnenkonvent
St. Verena betreut und unterstützt wurden.

Die Aktivitäten des Bettelordens waren indes nicht auf die
städtischen Armen beschränkt. Attraktiv waren sie auch für reiche
Bürgergeschlechter. Der Orden nahm deren Kinder auf, bildete
sie aus und eröffnete ihnen so den Weg zum sozialen Aufstieg.
Dies galt umso mehr, als die Dominikaner auch im Umland der
Stadt tätig wurden und dort das Interesse des Adels erweckten.
Spätestens ab der ersten Hälfte des 14. Jahrhunderts erfüllte das
Predigerkloster die Rolle eines Treffpunktes der Eliten.

Die Dominikaner hatten damit als Brückenbauer und Orien-
tierungsstifter an Bedeutung gewonnen. Wie die Franziskaner
oder die Augustinereremiten waren sie zu einem profilierten
Teil des städtischen Klerus geworden. Für die Bürgerschaft war
dies nicht unproblematisch. Als sich die Bettelorden im 13.
Jahrhundert in Zürich niedergelassen hatten, bildeten sie ein
Gegengewicht zum Gross- und zum Fraumünster. Da sie keine

eigenen Liegenschaften und andere Besitzungen erwerben durften, waren sie (so schien es) von der Bürgergemeinde abhängig. Dies hatte sich spätestens Mitte des 14. Jahrhunderts geändert. Die Orden gewannen an eigenem sozialem und (unter feiner Umgehung des Armutsgebotes) ökonomischem Gewicht. Es stellte sich die Frage, wie die weltlichen Eliten auf diese Entwicklung reagieren sollten.

Eingemauerte Bauern und stolze Ritter

Wo fände man so viele Lieder beisammen?
Man fände sie nirgends sonst im Königreich,
wie sie hier, in Zürich, in Büchern stehen!

Die Sammlung höfischer Lieder, die der in Zürich ansässige Minnesänger Johannes Hadlaub um 1300 pries, war nicht die einzige ihrer Art in Mitteleuropa. Sie war aber wohl die mit Abstand prächtigste und umfangreichste. Der oder die Sammler – Hadlaub nennt als Initiator des Projekts ein Glied der Familie Manesse – lässt Werke von 140 Dichtern zusammentragen. Man ist um Vollständigkeit bemüht und um eine würdige Darstellung. Davon zeugen die meisterhaften 137 ganzseitigen Illustrationen, die das Werk schmücken.

Wozu diente die Kollektion? Da Hinweise auf Melodien fehlten, war sie als Grundlage einer Aufführung des Aufgezeichneten kaum geeignet. Der Glanz des höfischen Festes war mit Papier und Tinte eingefangen worden. Aus dem Ereignis war eine Erzählung geworden. Wenngleich die Bilder jedem Betrachter Orientierungspunkte boten, erschloss sich der volle Gehalt des Werkes nur dem Lesekundigen. Der Gesang für die schönen Damen am Hofe eines Grafen, Herzogs oder Königs erhielt damit einen Rang, wie er sonst nur geistlichen Betrachtungen gebührte.

Die „Ritter" – Zürich und sein Stadtadel

Die Klöster als Stätten der städtischen Gelehrsamkeit bekamen, wie die Liedsammlung zeigte, schon früh Konkurrenz. Eine kleine Gruppe innerhalb der Stadt profilierte sich als Brücke zur Adelsgesellschaft. Die Manesse selbst tauchten in Zürich erstmals im 13. Jahrhundert als städtische Räte und Amtsträger des Fraumünsters, aber auch als Lehnsträger äusserer Gewalten, wie der des Reiches auf. Sie waren Diener vieler Herren, die einen adligen Lebensstil in das städtische Umfeld hineintrugen. Davon legte nicht nur die besagte Liederhandschrift Zeugnis ab, sondern auch die Behausung des stolzen Geschlechts. Einer ihrer Zweige erhielt im 14. Jahrhundert den bis heute erhaltenen Hardturm zum Lehen, der für die Sicherung des Limmatübergangs von grosser strategischer Bedeutung war. Ein anderer erwarb die Burg Manegg (deren Ruinen im heutigen Quartier Leimbach liegen). Innerhalb der Stadt nannten die Manesse einen wehrhaften Wohnturm in der Münstergasse ihr Eigen. Ob dieser Bau, dessen Hauptteil 1834 abgetragen wurde, militärischen Zwecken diente, sei dahingestellt. Er symbolisierte in jedem Falle die Fähigkeit der Manesse, die Stadt zu verteidigen und sie gegenüber Adelsfamilien des Umlandes auf Augenhöhe zu vertreten. Es war eine aufwändige Form der Profilbildung, die von einem erheblichen Konkurrenzdruck zeugte.

Tatsächlich war der Wohnsitz der Manesse nur ein Wohnturm neben anderen. Die Gesamtzahl belief sich wohl etwa auf 30 – die Silhouette der Stadt an der Limmat wurde von ihnen im 13. Jahrhundert damit wesentlich mitgeprägt. Sie zeugten vom Behauptungswillen und vom aristokratischen Anspruch ihrer Besitzer. Die gehörten jedoch keineswegs alle der Ritterschaft an. Der vornehme Neumarkt, der erst im 13. Jahrhundert baulich erschlossen wurde, wird bis heute von zwei Türmen dominiert, deren Eigentümer einem Aufsteigergeschlecht – den Bilgeri – angehörten.

Ein untrügliches Zeichen für die Veränderungen innerhalb der Elite war die Zusammensetzung des städtischen Rates. Dieses Gremium war erstmals 1218 – nach dem Aussterben der Zähringer – in Erscheinung getreten. Seine Mitglieder waren fast ausschliesslich Familien der Ritterschaft, die in Diensten des Fraumünsters standen. Nur sie waren offenbar in der Lage, gegenüber den Bewohnern der Stadt Autorität zu entfalten, die Interessen der Stadtherrin zu wahren und gedeihliche Beziehungen mit auswärtigen Machthabern herzustellen.

Die Äbtissin liess die edlen Herren offenbar weitgehend gewähren und diese wussten ihre Macht gemeinsam auszubauen. Langsam, aber unaufhaltsam verfestigte sich eine de facto Unabhängigkeit der Stadt, die vom Rat durch den geschickten Erwerb von Privilegien – etwa in der Rechtsprechung – abgesichert wurde. So wandelte sich Zürich im Verlaufe des 13. und beginnenden 14. Jahrhunderts zu einer Reichsstadt – einer Stadt, die nur Kaiser und Reich untergeordnet war. Das Fraumünster, das von Friedrich II. eigentlich zur Stadtherrin erklärt worden war, geriet demgegenüber immer stärker in den Hintergrund und in die finanzielle Abhängigkeit der Zürcher Kaufleute.

Rivalitäten und Aufstände

Händler und Kaufleute spielten in der Stadt ohnehin eine beständig wachsende Rolle. Sie zogen Ämter an sich, knüpften Kontakte zu mächtigen Lehnsherren und ahmten den aristokratischen Repräsentationsstil nach. Ihre finanziellen Möglichkeiten erweiterten den Handlungsspielraum der Stadt. Zugleich drohte ihr Aufstieg jedoch Konflikte heraufzubeschwören, deren Konsequenzen kaum absehbar waren.

Wenngleich auch die Ritter im Handel tätig waren, so begann ihr Einfluss langsam zu schwinden. Im Ratsgremium sank ihre Zahl im Verlauf des 13. Jahrhunderts von 30 auf 15. Der Zeitpunkt des Machtverlustes schien unaufhaltsam näher zu rücken, wenn es nicht gelang, neue Bündnispartner zu finden.

Als mögliche Alliierte boten sich vor allem Zürichs Handwerksmeister an. Trotz ihres Einflusses und ihres zunehmenden Wohlstandes besassen die meisten von ihnen noch im frühen 14. Jahrhundert kein Bürgerrecht. Anders als den Kaufleuten war ihnen damit die Möglichkeit des gesellschaftlichen Aufstiegs – etwa durch die Wahl in den Rat – genommen. Die schmale Schicht der Privilegierten tat alles, um diese Situation zu zementieren. So wurde in einer ersten Aufzeichnung des städtischen Rechts aus dem Jahre 1304 (dem „Richtebrief") die Bildung von Zünften ausdrücklich untersagt. Damit war den Handwerkern keineswegs verboten, ihre gewerbliche Produktion zu koordinieren. Was man verhindern wollte, war indes, dass sich die Meister zu Fürsorgeverbänden zusammenschlossen, die auch politisch handlungsfähig wurden.

Der Bedarf an dergleichen Einrichtungen, die Schutz und Hilfe verhiessen, begann gleichwohl kontinuierlich zu wachsen. Die Stadt war grösser und unübersichtlicher geworden. Ende des 13. Jahrhunderts umgab sie ein Mauerring, der ein in weiten Teilen noch leeres Gebiet umschloss. Man war auf Zuzug eingestellt. Von jenen, die kamen, zählte kaum jemand zu den Wohlhabenden. Die Zuwanderer fristeten – so die Ergebnisse der Stadtarchäologie – ein eher kärgliches Dasein. Elendsquartiere gab es jedoch keine. Zwar ballten sich etwa am Neumarkt oder im Bereich des Grossmünsters die Repräsentationsbauten, während nahe dem Fraumünster die Zahl der ärmeren Stadtbewohner zunahm. Von einer klaren sozialen Trennlinie der Wohngebiete konnte indes keine Rede sein. Das Stadtbild war ausgesprochen bunt – Reiche und Arme, Prostituierte und Kleriker, Juden und Lombarden, Gesellen und Meister – sie alle lebten Tür an Tür. Das Elend der Bettler und der Luxus der Ritter waren nur einen Steinwurf voneinander entfernt.

Man strebte nach Rechtssicherung und – wie die wachsende Zahl geistlicher Gemeinschaften zeigte – nach Orientierung. Die erfolgreichen Handwerksmeister, die sich als Stifter kirchlicher Einrichtungen hervortaten, immer mehr Menschen Arbeit gaben und auch in nachbarschaftlichen Konflikten vermittelten, schienen in den Augen vieler unentbehrliche Autoritäten zu sein. Sie von den Ratssitzen fernzuhalten, war zu Beginn des 14. Jahrhunderts damit ohnehin kaum noch möglich. Die in die Bedrängnis geratenen Rittergeschlechter erkannten dies als erste. Man schmiedete ein Bündnis und vereinbarte, die Macht zu Lasten der Kaufmannsfamilien neu zu verteilen.

Die Stunde des Wandels schlug im Jahre 1336. Jene, die das noch kleine Rathaus an der Limmat in diesem Jahr stürmten, begründeten ihr Handeln später mit dem Machtmissbrauch des Rates. Dieser habe das Recht gebeugt und durch eine Währungsreform die Kaufleute begünstigt, während sich die Schulden der Ärmeren verdoppelt hätten.

Eine neue Verfassung

Im Zuge der Umbrüche des Jahres 1336 wurden zwölf der 36 Räte von der Opposition verbannt, zehn weitere für amtsunfähig erklärt. Es blieben vor allem die ritterlichen Geschlechter, die nun mit Rudolf Brun auch den starken Mann der neuen Regierung stellten. Im Rahmen des ersten „Geschworenen Briefes" – der neuen Stadtverfassung – wurde das Bürgerrecht auf die Handwerker ausgedehnt. Organisiert wurde die neue Bürgerschaft im Rahmen von 13 Zünften und einer Constaffel, in der sich Ritter, Kaufleute und andere nicht zünftige Bürger zusammenfanden.

Die neue Verfassung sah zwei Ratsgremien vor, die je zur Hälfte aus Constaffelherren und Zunftmeistern bestanden und halbjährlich wechselten. Zunächst waren die Handwerker nur Räte zweiter Klasse. Die eigentliche Macht lag in den Händen der Constaffel und vor allem in jenen des auf Lebenszeit ernannten Bürgermeisters Brun. Das neu geschaffene System war indes – wie sich zeigen sollte – anpassungsfähig. Der „Geschworene Brief" wurde im Verlaufe der folgenden Jahrzehnte mehrfach geändert und zwar stets zugunsten der Zünfte, die schliesslich zu den Trägern des politischen Systems wurden.

Dass Brun und seine Verbündeten den Sieg davontragen würden, war unmittelbar nach den Verfassungsreformen, die sie initiierten, alles andere als sicher. Im Gegenteil, die Zeichen standen auf Sturm. Die ausgewiesenen Räte waren mit dem Leben davongekommen und sannen auf Revanche. Von Rapperswil aus sollte ein erneuter Umsturz organisiert werden, von dem Rudolf Brun frühzeitig Nachricht erhielt. Wie genau die sogenannte Zürcher Mordnacht von 1350 ablief, ist nur schwer zu rekonstruieren. Dass die Unternehmung ein grandioser Fehlschlag war, ist indes kaum zu bezweifeln. Die von der Sturmglocke zusammengerufenen Bürger fielen über die Angreifer her. Wer nicht rechtzeitig entfliehen konnte, wurde erschlagen. Die Leichen sollen noch tagelang unbestattet auf den Strassen gelegen haben.

Die Stadt der Zünfte – das neue Zürich

Wer nunmehr in der Stadt Fuss fassen wollte, der musste sich der neuen Ordnung anpassen. Zürichs Gesicht wurde – auch in baulicher Hinsicht – verändert. Die Zünfte brauchten eigene Versammlungsorte. Den Anfang machte die Constaffel, der der Rat 1348 das Münzhaus der Stadt am Limmatquai überliess, um dort eine Trinkstube zu bauen. Neben dem Haus zum Rüden, wie es bald genannt wurde, erwarben zu Beginn des 15. Jahrhunderts die Zimmerleute ihr Domizil.

Eine Ballung von Zunfthäusern erfuhr auch der Münster-platz, der im Verlaufe des 14. Jahrhunderts von der Bürgerschaft und dem Fraumünster zu einem gemeinsamen, zentralen Insze-nierungsort ausgebaut wurde. Hier empfing man Gäste. Hier stellte man seinen Reichtum und seine Macht zur Schau.

Nicht nur die Zünfte, auch die Kommune bekam neue re-präsentative Gebäude. Wie kaum ein anderes legte das im 14. Jahrhundert gebaute Kornhaus Zeugnis von der Fürsorge-pflicht des Rates ab. Es war ein steingewordenes Versprechen an die ärmeren Teile der Bevölkerung, die den grössten Teil ihres

Das 1897 abgerissene Kornhaus. – Aquarell aus der Zeit um 1830.

Einkommens ausgaben, um Brot zu kaufen. Schwankungen der Getreidepreise waren für sie äusserst bedrohlich und so hoffte man, durch kluge Vorratshaltung den Krisen des Marktes trotzen zu können. Es war, ebenso wie alle Versuche, die Preise und die Qualität auf den vormodernen Märkten zu regulieren, eine vergebliche Liebesmüh, die in ruhigeren Zeiten allerdings vertrauensbildend wirkte. Die Reputation des Rates – in dem nunmehr alle einflussreichen Familien vertreten waren – stieg. So hatte auch das Rathaus, das 1397 eingeweiht wurde, kaum noch etwas mit dem bescheidenen Vorgängerbau des 13. Jahrhunderts zu tun. Mit Blick auf den Lindenhof, direkt am Limmatübergang gelegen, befand es sich auch optisch im Mittelpunkt der Stadt.

Krieg Zürich nun eine „Zunftdemokratie", wie die Gelehrten des 19. Jahrhunderts meinten? Der Begriff ist zumindest irreführend, denn mit einer Demokratie im modernen Sinne hatte die Herrschaft der Zünfte wenig zu tun. Zwar mussten die Zunftvertreter im Rat von den Zunftversammlungen gewählt werden, jedoch trugen diese Wahlen einen eher rituellen Charakter. Man wählte jene, die aus den einflussreichsten Familien stammten und deren Amtsbesetzung schon zuvor innerhalb der Eliten ausgemacht worden war. Wer zögerte, wurde durch freundlichen Druck eines Besseren belehrt.

Zwar hatte das Handwerk an Gewicht gewonnen, dies bedeutete aber nicht, dass die Zeiten ritterlicher Selbstdarstellung in Zürich nunmehr der Vergangenheit angehörten. Der Besitz von Burgen und Wohntürmen blieb ebenso wie die offizielle Erhebung in den Ritterstand ein wichtiger Bestandteil der Elitenkultur. Die Ratsfamilien des frühen 15. Jahrhunderts waren jedoch weit enger an die Stadt gebunden, als dies noch im 13. Jahrhundert der Fall war. Die Grenze zwischen Stadtadligen, Kaufleuten und Handwerkern begann immer mehr zu verschwimmen. Der Aufstieg aus bescheidenen Verhältnissen wurde unter diesen Rahmenbedingungen ebenso zu einem Markenzeichen der Stadt an der Limmat wie die beständigen Rivalitäten innerhalb der Elite. Wer in diesem Wettbewerb bestehen wollte, der musste Profil zeigen. Er musste in der Lage sein, innerhalb der Stadt Gefolgschaft zu mobilisieren und das Ansehen Zürichs gegenüber äusseren Mächten zu mehren.

Die Stadt am See – Eidgenossen, Untertanen, Gegenspieler

Der alte Einsiedlerhof stand dort, wo sich seit 1757 das eindrucksvolle Zunfthaus zur Meisen befindet. Er lag also direkt an der Limmat und war auf Grund und Boden der Fraumünsterabtei errichtet worden. Dieser bis heute prominente Ort zeugte von der besonderen Beziehung, die die Stadt und das Fraumünster zu einem der wichtigsten Partner Zürichs, dem Benediktinerkloster Einsiedeln, pflegten. Erneuert wurde diese Bindung jährlich am Pfingstmontag. Zürich pilgerte nach Einsiedeln. Unter der Führung einer Ratsdelegation zogen aus jedem Hause und aus jedem Konvent Vertreter zur 40 km entfernten Gnadenkapelle. Ein Nichterscheinen oder ein ungebührliches Verhalten im Verlaufe des Kreuzganges wurden streng geahndet. Angesichts der zahlreichen Besitzungen des Abtes im Zürcher Umland war das Bemühen der Stadt um freundliche Beziehungen nur zu verständlich. Seit dem 13. Jahrhundert war man verburgrechtet. Obwohl diese enge Beziehung zeitweise aufgekündigt wurde, versäumte man nicht, etwaige Streitigkeiten rasch wieder beizulegen. Der Abt von Einsiedeln ist nicht umsonst bis heute Zürcher Ehrenbürger.

Der Einsiedlerhof war damit ein steingewordenes Zeichen der Zugehörigkeit. Ja, er war mehr als das: Hier wurden Abgaben an den Abt gesammelt und auf dem Zürichsee bzw. der Limmat weitertransportiert. Empfänge des Klosters wurden hier veranstaltet, aber auch wichtige Pilger beherbergt, wie der Konstanzer Bischof oder die Herzöge von Österreich.

Im Fahrwasser der Habsburger – die Stadt und ihr Territorium

Einsiedeln war indes nicht nur mit Zürich eng verbunden. Auch mit einem anderen Nachbarn, der sich abseits des Zürichsees befand, bestanden enge – wenngleich nicht immer spannungsfreie Kontakte: dem Stand Schwyz. Mit ihm befand sich die Fürstabtei seit dem 12. Jahrhundert in einem Nutzungskonflikt um Ländereien im Grenzgebiet. Dieser sogenannte Marchen-

Ausdehnung der Herrschaft der Stadt Zürich bis 1789 (Karte stark vereinfacht)

1313–1400	1452–1496	╱ heutige Grenze des Kantons Zürich
1400–1409	1503–1583	■ Stadt ♯ Kloster / Kommende
1415–1434	1614–1770	● Dorf

Randfärbung: Zürich besitzt nur die Niedere oder die Hohe Gerichtsbarkeit / Gerichtsherrschaften von Bürgern von Zürich / Burgrecht streit führte immer wieder zu gewaltsamen Auseinandersetzungen, die von den benachbarten Mächten aufmerksam verfolgt wurden. Vor allem die Habsburger, die seit 1283 die Kastvogtei (und damit Schirmrechte) über Einsiedeln innehatten, wurden zunehmend in den Konflikt involviert.

Das Haus Habsburg war nicht nur eine der vornehmsten Dynastien des Reiches, es repräsentierte auch die mächtigste Zusammenballung von Herrschaftsrechten südlich des Bodensees. 1264 hatte man das Erbe der Kyburger angetreten und damit eine zunächst noch schwache Landesherrschaft übernommen. Die neuen Herren taten indes ihr Bestes, um das Ererbte zu vermehren. Man katalogisierte die eigenen Besitzungen und intensivierte die Steuerverwaltung. Zudem setzten die Habsburger Vertreter vor Ort ein, die nicht als Lehnsmänner, sondern als Pfandnehmer verpflichtet wurden. Im Gegenzug zu Geldzahlungen des Pfandnehmers oder (häufiger noch) als Bezahlung für geleistete Dienste wurde ihnen meist auf Zeit eine Burg oder ein Herrschaftsrecht übergeben. Anders als Lehen konnten Pfänder abgelöst werden oder sie konnten (sofern sie zeitlich befristet waren) auslaufen. Das Haus Habsburg behielt auf diesem Wege die Kontrolle über sein Territorium und brauchte keinen Zerfallsprozess seiner Besitzungen zu befürchten. Der Pfandnehmer konnte das Pfand allerdings – und hier lag der Haken der Geschichte – weiterverkaufen, wenn sich das Geschäft nicht in seinem Sinne weiterentwickelte.

Die Machtstellung des Hauses Habsburg hing in dieser Konstellation damit ganz wesentlich von seiner Fähigkeit ab, Schutzpflichten zu erfüllen. Wurden Gerichtsrechte angefochten, so war es an den Habsburgern, diese zu verteidigen. Ohne diesen Schutz sank der Wert des Pfandes, das dann rasch abgestossen wurde. Die Probleme, die der Abt von Einsiedeln mit den zunehmend mächtigeren Schwyzern hatte, konnten dessen Schirmvogt damit kaum unberührt lassen. Es ging gewissermassen um die politische Bonität der Habsburger.

Welche Rolle spielte Zürich in derlei Konflikten? Auf der einen Seite wirkte der Streit zwischen Nachbarn störend und bedrohlich, war doch Krieg schlecht für das Geschäft. Andererseits gab er den Räten die Möglichkeit, sich als Vermittler zu profilieren und Einfluss auf die Pfandschaftsgeschäfte der Habsburger zu nehmen.

Kontakte in das Umland pflegten die ritterlichen Geschlechter der Stadt schon im 13. Jahrhundert. Der Schlüssel zum Erfolg lag in den Mehrfachbindungen dieser Familien. Sie gaben ihnen die Möglichkeit, ihre Besitzungen auszudehnen, ohne das Misstrauen der Landesherren oder des Rates fürchten zu müssen.

So war man in einer hervorragenden Ausgangsposition, als sich um 1400 die Machtverhältnisse zwischen Bodensee und Zürichsee langsam zu verändern begannen. Das Haus Habsburg verlor in dieser Region an Bedeutung. Die Gründe dafür waren vielfältig. Die Insuffizienzen einer vergleichsweise schwach ausgeprägten Landesherrschaft, die man von den Kyburgern geerbt hatte, gehörten dazu, aber auch die Aufspaltung des Hauses in zwei, später sogar in drei rivalisierende Linien.

Während die Habsburger vor allem mit sich selbst beschäftigt waren und den Schwerpunkt ihrer Aktivitäten in den Ostalpenraum verlegten, bildete sich am Zürichsee ein Machtvakuum, das die Zürcher Ratsfamilien rasch auffüllten. Habsburger Pfänder wurden zu günstigen Preisen und in wachsender Zahl erworben. Kam es zu Konflikten bei der Durchsetzung erworbener Rechte, so griffen die neuen Pfandnehmer nun nicht mehr auf die Hilfe des Pfandgebers (die Habsburger), sondern auf jene Zürichs zurück. Die Limmatstadt, die nun auch selbst Rechte erwarb, trat an die Stelle des eigentlichen Landesherrn und begann, sich ein eigenes Untertanengebiet zu schaffen.

Dieser zunächst langsam einsetzende Prozess gewann mit dem Regierungsantritt Herzog Friedrichs IV. (1382–1439) deutlich an Fahrt. Der neue Herr der habsburgischen Besitzungen im südwestlichen Reichsteil (also in den sogenannten Vorlanden) erwies sich als bemerkenswert ungeschickt. Seine kostspieligen Auseinandersetzungen mit den Appenzellern und deren Schwyzer Verbündeten sowie Adelsaufstände in Tirol gaben den Zürchern die Möglichkeit, im Windschatten der Konflikte, ihr Einflussgebiet Schritt für Schritt zu erweitern. Als Friedrich IV. dann auch noch im Grossen Abendländischen Schisma – also im grossen Streit darüber, welcher Papst der rechtmässige war – zu lange auf den „falschen" Kandidaten setzte, eröffnete sich eine einmalige Chance, Habsburg zu attackieren. 1415 eroberte man im Rahmen eines Reichskrieges gegen den geächteten Herzog einen Teil des Aargaus, 1424 wurde der Stadt nach langwierigen Verhandlungen die bis dato habsburgische Herrschaft Kyburg als Reichspfand zuerkannt.

Wenn auch noch lückenhaft, so liess doch die Herrschaft der Stadt erstmals jene Ausdehnung erkennen, die heute der Kanton Zürich besitzt. Bis besagte Lücken – zu denen vor allem die Stadt Winterthur gehörte – geschlossen werden konnten, waren indes noch rund 60 Jahre geschickten Taktierens notwendig.

Während Zürichs Gewicht kontinuierlich zunahm und man 1433 auch offiziell als Reichsstadt anerkannt wurde, verlor der alte Partner Einsiedeln immer mehr an Bewegungsspielraum. Dort hatte man auf das Haus Habsburg gesetzt und fiel seiner Schwächeperiode zum Opfer. 1394 wurde Einsiedeln unter die Vogtei seines mächtigen Gegenspielers Schwyz gestellt.

Zwischen Pfauenfeder und Schweizerkreuz –
Zürich und die Eidgenossenschaft

Ermöglicht wurde der Sieg des Landortes Schwyz durch stabilen Rückhalt. Die Schwyzer waren Teil der drei Waldstätte (Uri, Schwyz und Unterwalden), die 1309 vom Kaiser zu einer Reichsvogtei zusammengeführt worden waren. Im Verlaufe des 14. Jahrhunderts vermochte diese ihre Unabhängigkeit und ihre ökonomische Potenz zu mehren. Die Waldstätte wurden zu einem unter mehreren Anknüpfungspunkten der werdenden Eidgenossenschaft – eines losen Netzwerkes von Landfriedensbündnissen, das ab Mitte des 14. Jahrhunderts zu einem wichtigen Machtfaktor aufstieg.

Zürich wusste die neuen Möglichkeiten, die sich aus der Nachbarschaft zur Innerschweizer Eidgenossenschaft ergaben, durchaus zu schätzen. Wann immer man in Konflikt mit dem Haus Habsburg geriet – das erste Mal war dies 1351 im Streit um die neue Ratsverfassung der Fall, rief man sie zu Hilfe und schloss Bündnisse mit ihr ab. Zudem war Zürich nicht abgeneigt, mit den neuen Freunden Territorien (wie die Landgrafschaft Baden und die Freien Ämter 1415) zu erobern und sie dann auch gemeinsam mit ihnen zu verwalten.

Noch war die Eidgenossenschaft indes für die Zürcher nur eine Option unter vielen. Man pflegte nach wie vor Bündnisse zu den Reichsstädten Oberschwabens, war wirtschaftlich in Richtung Bodensee orientiert und zeigte kein Interesse an einem Dauerstreit mit den Habsburgern. Das Jonglieren mit zahlreichen Bällen wurde indes schwierig. Habsburg und die Eidgenossenschaft bildeten zunehmend mächtige, miteinander rivalisierende Ordnungsräume. Für jene, die hier eine Schaukelpolitik betrieben und Frontstellungen aufzuweichen versuchten, war die Gefahr gross, zwischen die Mühlräder zu geraten. Im Jahre 1436 schien dieser Augenblick gekommen zu sein, als Zürich sich auf einen riskanten Streit um das toggenburgische Erbe einliess.

Der Preis, um den es ging, war verlockend. Die Toggenburger hatten es, anders als etwa die Kyburger, geschickt verstanden, die Rechte des Kleinadels ebenso wie jene des Königs in ihrem Territorium weitgehend zurückzudrängen. Zwar war auch das Herrschaftsgebiet der Toggenburger alles andere als ein einheitliches Gebiet. Verglichen mit anderen Landschaften des Bodenseeraums funktionierte die Landesherrschaft hier jedoch relativ gut. Zudem hatte man, was im mitteleuropäischen Raum eine wirkliche Seltenheit war, bedeutende finanzielle Rücklagen gebildet.

Der letzte Graf von Toggenburg, Friedrich VII., wusste den Wert seines Nachlasses richtig einzuschätzen. Er liess sich in seinen letzten Jahren hofieren und hatte kurz vor seinem Tode allen möglichen Erben weitreichende Versprechungen gemacht. Als er im Jahre 1436 verstarb, begannen erbitterte Auseinandersetzungen. Die hoffnungsvollsten Anwärter auf die Toggenburgischen Lande waren – abgesehen von Zürich – Glarus und Schwyz. Um die Konkurrenz auszuschalten, verhängte die Limmatstadt zunächst einen Getreideboykott. Schwyz liess daraufhin Truppen aufmarschieren und fügte Zürich eine demütigende Niederlage zu. Die Stadt verlor nicht nur ihre Ansprüche auf ihre Toggenburger Erbanteile sondern auch grosse Teile ihres Landgebietes. Schwyz schien den seit Jahrzehnten

Bürgermeister Stüssi verteidigt die Brücke über die Sihl bei St. Jakob gegen die Eidgenossen während des Alten Zürichkriegs 1444. – Aus der Eidgenössischen Chronik von Werner Schodoler.

schwelenden Streit um die Vormacht am Zürichsee für sich entschieden zu haben.

Unter der Führung des Bürgermeisters Stüssi (1430–1443) formierten sich die Zürcher zum Gegenschlag. Man suchte die Nähe des Hauses Habsburg, das nunmehr erneut den Kaiserthron errungen hatte. Wenn er bereit war, Zürichs Ansprüche auf das Toggenburg zu unterstützen, so versprach man Kaiser Friedrich III., sollte er einen Grossteil jener Territorien zurückerhalten, die Zürich zuvor aus dem habsburgischen Herrschaftsbereich herausgelöst hatte. Es war ein Bündnis, das nicht nur Schwyz und Glarus bedrohte, sondern auch alle anderen eidgenössischen Städte (zu denen mittlerweile auch Bern, Luzern und Zug gehörten). Immerhin liess der Kaiser keinen Zweifel daran aufkommen, dass er die Zeit für gekommen hielt, die eigene Position wiederaufzubauen. Die Auseinandersetzung mit Zürich wurde damit endgültig zu einer Konfrontation der beiden grossen Bündnissysteme, des habsburgischen und des eidgenössischen. Letzteres behielt bei den langwierigen und blutigen militärischen Auseinandersetzungen der nächsten Jahre – dem sogenannten „Alten Zürichkrieg" – die Oberhand.

Doch was sollte man mit dem Sieg anfangen? Wichtig war den kriegführenden sieben Orten, dass sich ein ähnlicher Fall nicht erneut ereignete. Wollte man die eidgenössische Unabhängigkeit sichern, so musste es künftig untersagt sein, mit fremden Truppen eigene Bundesbrüder zu bekämpfen. Der Bund sollte einen neuen, festeren Charakter erhalten. Zürich lehnte dies zunächst scharf ab. Eine Beschränkung der Bündnisfreiheit widerspreche – so argumentierte der Rat – den bisherigen Vereinbarungen.

Der Friedensschwur

Erst nach langwierigen Vergleichsverhandlungen und einem blutigen Kleinkrieg zwischen den Kontrahenten gelang der Durchbruch. Die sieben Orte stellten den territorialen Besitzstand Zürichs im Wesentlichen wieder her. Im Gegenzuge stimmte der Rat der Limmatstadt der neuen Interpretation des eidgenössischen Rechts zu. Beschworen wurde der Vertrag am 24. August 1450 unter freiem Himmel und zwar in Einsiedeln, der Brücke Zürichs in die Innerschweiz. Dieser Friedensschwur war der eigentliche Gründungsakt einer Eidgenossenschaft, die erst jetzt mehr war und mehr sein wollte als eine lose Allianz unabhängiger Reichsstände.

Erst mit dem Ende des Alten Zürichkrieges war die Zugehörigkeit der Stadt am See endgültig geklärt. Sie hatte ihr eigenes, ausgedehntes Territorium erworben und war Teil eines festen Bundes von Städten und Länderorten geworden. Man hatte sich – widerwillig – einem Wachstumsraum geöffnet, der nach 1450 eine erstaunliche Entwicklung nehmen sollte. Für Zürich brach ein Zeitalter des Reichtums an – und der Gewalt.

Im Zeichen des Schwertes – die Welt des Hans Waldmann

„Liebe Herren, wie will man mich töten?" „Herr Burgermeister, man will das Haupt von euch nehmen." „Nun will ich gern sterben und mich geschicklich darin geben."

Der Wortwechsel zwischen Bürgermeister Waldmann und seinen Richtern fand am 6. April 1489 am frühen Morgen statt. Er leitete den letzten Akt eines Lebens ein, das die Phantasie der Zeitgenossen und mehr noch die der Nachwelt beschäftigte.

Noch Historiker des frühen 20. Jahrhunderts erblickten in Hans Waldmann den typischen Renaissancemenschen. Seine Biografen brachten Faszination und Abscheu über einen Mann zum Ausdruck, der Glanz und Elend der heranbrechenden Moderne verkörperte, der die Fesseln der Tradition sprengte und zugleich die Grenzen des Moralischen ignorierte. Letztlich, so stellte man fest, habe er nicht in die Eidgenossenschaft gepasst, die sich langsam und ohne historische Brüche dem Fortschritt zuwandte.

Die Stadt der Gewalt

Angesichts der zahllosen Schlägereien, an denen Waldmann seit früher Jugend beteiligt war, scheinen dergleichen Schlussfolgerungen eine gewisse Plausibilität zu besitzen. Geboren im Zugerschen Blickensdorf, war er nach dem frühen Tod des Vaters in die Stadt an der Limmat gezogen. Die Mutter hatte dort einen wohlhabenden Verwandten und es gibt Hinweise, dass der Junge in der neuen Umgebung in bescheidenem Wohlstand aufwuchs. Das florierende Zürich war offen für Einwanderer und Neubürger. Wer sich einen Namen machen wollte, wer nach Aufstieg und Wohlstand strebte, durfte hier auf Aufnahme hoffen. Der junge Waldmann gab sich viril und kämpferisch. Er ging keinem Streit aus dem Wege und beschäftigte Bürgermeister und Rat von Zürich in zahlreichen Strafprozessen.

Dieses Verhalten war nicht ungewöhnlich. Waffenstarrende Jugendliche, die keiner Konfrontation aus dem Wege gingen, prägten das Bild der Stadt. Gewalt war allgegenwärtig. Spielte sich diese allerdings im öffentlichen Raum ab, so waren die umstehenden Bürger dazu verpflichtet, die Kontrahenten zu beruhigen. In der Stadt herrschte – im Prinzip – Friedenspflicht. Wer auf dem Markt miteinander stritt, musste die ungeschriebenen Regeln der Provokation beherrschen. Er musste wissen, wie weit man gehen konnte, ohne massive Sanktionen fürchten zu müssen. Waldmann schien diese Technik perfektioniert zu haben. Bis auf einige kleinere Geldstrafen und Ermahnungen hatte er vom Rat nichts zu fürchten. Im Grunde war die Bühne des Gerichts nur eine neue Plattform, auf der die Streitenden ihren Konflikt – diesmal mit Mitteln des Rechts – auszutragen suchten.

Der junge Aufsteiger liess nichts unversucht, um auf sich aufmerksam zu machen. Dass er damit durchaus erfolgreich war, zeigte seine Eheschliessung mit der Witwe Anna Edlibach. Sie war aus finanzieller wie aus gesellschaftlicher Sicht eine ausgezeichnete Partie. Waldmann weitete nicht nur seine Handelstätigkeit aus, er wurde – aufgrund seiner neuen familiären Beziehungen – auch Amtmann des Klosters Einsiedeln.

Export der Gewalt

Eine glückliche Hand bewies Waldmann auch als Militär. Bereits 1458 zog er in den Plappartkrieg, eine Fehde zwischen der Stadt Konstanz und der Eidgenossenschaft. Der Anlass bestand in einem Ehrenhandel. Ein Konstanzer Bürger hatte eine eidgenössische Münze als Kuhplappart bezeichnet. Da schwäbische Spötter den Eidgenossen bereits seit geraumer Zeit vorwarfen, den Verkehr mit Rindvieh jenem mit dem Weibe vorzuziehen, schlug das Wortspiel hohe Wellen. Auf den Streit in der Stadt folgte die Kampfansage Luzerns an Konstanz, der sich die übrigen eidgenössischen Orte anschlossen.

Neben der Ehre ihres Standes ging es den Angreifern auch um finanziellen Gewinn, denn die nun heraneilenden Schweizer Pikenträger durften im Falle des militärischen Erfolges auf reiche Beute hoffen. Dies war ein wichtiger Punkt, in dem sich der Streit in der Stadt von der Auseinandersetzung mit fremden Machthabern unterschied. Ein weiterer lag in der Form des Konfliktaustrags. Auf dem Schlachtfeld galten für die Schweizer offenbar keine Regeln. Die ritterlichen Usancen des Schlachtenganges, bei dem der Besiegte zum Gefangenen wurde, den die Verwandten auslösten, übten auf sie kaum Anziehungskraft aus. Man machte selten Gefangene; wer in schweizerische Hände fiel, musste mit dem Schlimmsten rechnen.

Ihre Gegner wussten diese Praxis propagandistisch zu überzeichnen und den Ruf der Eidgenossen nachhaltig zu schädigen. Der militärische Erfolg ihrer Taktik blieb indes unbestreitbar. Die geschlossenen Reihen der Schweizer, der dichte Wald ihrer Piken, die Entschlossenheit, mit der sie Breschen in die Phalanx der Feinde brachen, ihr markerschütterndes Gebrüll: All dies erfüllte den Gegner mit Angst und Schrecken. Der erwähnte Kuhspott war denn auch eine Reaktion der Geängstigten und Geschlagenen, die sich nur noch auf diesem Wege zu helfen wussten.

Waldmann, der an verschiedenen Militäreinsätzen beteiligt war, konnte offenbar überzeugen. Sein Wort gewann an Gewicht. Ein erster Versuch, als Constaffelherr Karriere zu machen, schlug noch fehl. Nachdem er dann aber in die Zunft zum Kämbel eingetreten war, begann er Schritt für Schritt an politischem Einfluss zu gewinnen. Fortan symbolisierte sein Fortkommen die wachsende Macht der Handwerkerzünfte, die die Constaffel langsam zu verdrängen vermochten.

Als 1474 der Burgundische Krieg begann, war Waldmann bereits Mitglied des kleinen Rates. Der Streit mit Karl dem Kühnen hatte eine lange und komplizierte Vorgeschichte. Anders als es die später gesponnene und sorgsam gepflegte historische Legende wollte, hatte der Burgunder keinerlei Interesse an einem Krieg mit den Schweizern. Versuchen der Habsburger, ihn in ihren Streit mit den Eidgenossen hineinzuziehen, hatte er nach anfänglichen Sympathien widerstanden. Als Bern jedoch angriffslustig seine Einflusssphäre in die Gebiete Savoyens und in die angrenzenden burgundischen Territorien auszudehnen versuchte, sah er sich zum Handeln gezwungen. Karl der Kühne zog an der Spitze eines modernen Söldnerheeres gegen eine Allianz von eidgenössischen Orten und elsässischen Reichsstädten unter der Führung Berns.

Auch Zürich sandte ein kleines Truppenkontingent. An dessen Spitze stand Waldmann, dessen Tätigkeit sich zunächst nur auf flankierende Massnahmen beschränken sollte. Vor Ort erkannte er indes rasch die Chancen, die sich ihm boten. Es war, so schrieb er dem Rat, unabdingbar, seine Mannschaften, in die nun auch Freiburger Soldaten integriert waren, aufzustocken.

Es spricht für die wachsende Autorität Waldmanns, dass man dem Ruf Folge leistete. Ausgestattet mit einer nunmehr ansehnlichen Streitmacht, griff der Zürcher in die militärischen Auseinandersetzungen direkt ein. Der zweite eidgenössische Sieg über Karl den Kühnen bei Murten 1476 wurde damit auch der seine. Waldmanns Ruhm verbreitete sich rasch. Als die Eidgenossen weiter nach Norden zogen, um sich mit lothringischen Truppen zu vereinigen, soll deren Herzog René dem Zürcher entgegengeritten sein. Er sei abgestiegen und habe Waldmanns Pferd bis vor die Tore Basels geführt. Dieser Akt der Anerkennung, ja, der Demut, zeigte deutlich, welchen Eindruck die Schlagkraft der Schweizer auf die Zeitgenossen machte.

In drei Schlachten – Grandson, Murten und schliesslich auch Nancy – hatten sie ein als unbesiegbar geltendes Ritterheer geschlagen. Der Bund der Bauern und Bürger hatte das Herzogtum Burgund, das wirtschaftlich, kulturell und militärisch als Spitzenmacht des europäischen Kontinents galt, regelrecht zerschmettert.

Die neue Grossmacht

Was war das für eine neue Macht, die so plötzlich auf der europäischen Bühne auftrat? Der Diplomat und Historiker Philipp de Commynes wusste von eidgenössischen Kriegern zu berichten, die ratlos ob des Reichtums waren, den sie erbeutet hatten. Wertvolle Zelte seien schlicht zerschnitten und ihr Stoff unter den Schweizern aufgeteilt worden, Silberteller habe man für geringe Summen verkauft, da man sie mit Zinngeschirr verwechselt habe. Der grösste Diamant der Christenheit sei von einem Schweizer erbeutet worden, der ihn für einen Gulden an einen Priester weiterverkaufte. Dergleichen Schilderungen waren kaum Tatsachenberichte, sie spiegelten aber das Bild wider, das man sich von den Eidgenossen machte. Letztlich galten sie als wilde, unberechenbare, über die Massen gefährliche Barbaren. Sie waren gleichsam der Sturm Gottes, der – so wiederum Commynes – den Herzog von Burgund für seinen Hochmut gestraft hatte.

Die Eidgenossen griffen dergleichen Urteile auf und machten sie für sich nutzbar. Man feierte sich als neues Volk Gottes. Der Herr selbst, so liess man die Nachbarn wissen, habe die Bauern erhöht und sie über die verdorbenen Fürsten gestellt. Die Schweizer hatten in der Tat allen Grund, selbstbewusst aufzutreten. Jeder wollte die unwiderstehlichen Lanzenträger an seiner Seite wissen. Waldmann, der im Rat einer Stadt von kaum 5000 Einwohnern sass, fand sich unversehens am Hofe des französischen Königs wieder. Ludwig XI., den Zeitgenossen gern als einen der schlauesten Könige seiner Zeit charakterisierten, versprach den Schweizern üppige Geldbeträge, wenn sie nur bereit waren, in seine Dienste zu treten.

Er sollte nicht der letzte Monarch sein, der Waldmann umgarnte. Auch habsburgische, savoyische und mailändische Angebote wurden an den Zürcher herangetragen. Waldmann hörte zu, versprach und kassierte. Er, der 1483 zum dritten Zürcher Bürgermeister gewählt wurde, handelte damit nicht anders als die übrigen Vertreter der eidgenössischen Obrigkeiten. Man nahm Geldgeschenke und Pensionen (also regelmässige Subventionen) und vermittelte im Gegenzug militärische oder politische Dienstleistungen. Es war ein einträgliches Geschäft, das die Taschen der Stadt, der Eliten und der Bürger füllte.

Verbunden mit dem Geldsegen war eine Reihe von Unwägbarkeiten. Innerstädtische Rivalitäten und Einflüsse äusserer Mächte überlagerten sich in den Orten der Eidgenossenschaft seit jeher. Der Kapitalzufluss liess das Misstrauen zwischen den verschiedenen Parteiungen wachsen. Angesichts der horrenden Summen war die Gefahr gross, dass einzelne Familien über einen Ressourcenvorsprung verfügten, den die Konkurrenz nicht mehr einholen konnte.

Mit Sorge beobachteten die Nachbarorte insbesondere die Entwicklung in Zürich. Die Stadt, so wurde moniert, begann die Eidgenossenschaft zu dominieren. Immer mehr Treffen der Standesvertreter, sogenannte Tagsatzungen, fanden zum Ärger der übrigen Eidgenossen in Zürich statt.

Kritik kam vor allem aus der Innerschweiz. Der Vorsprung der Stadtorte in Fragen der Verwaltung und des Rechts liess die Eliten der Länderorte ins Hintertreffen geraten. Die hatten einer Neuaufnahme weiterer Städte in die Eidgenossenschaft 1481 nur nach langen Verhandlungen und einer Neufixierung des Bundes (dem Stanser Verkommnis) zugestimmt. Der Kollaps der jungen Schweiz, der unmittelbar bevorzustehen schien, war in letzter Stunde abgewendet worden. Die Lage blieb dennoch unübersichtlich.

Waldmann – der Tod eines Bürgermeisters

Dies zeigte nicht zuletzt die Reaktion auf eine Reihe umstrittener Entscheidungen Bürgermeister Waldmanns im Jahre 1487. Sein Schiedsspruch zu Ungunsten des Wallis in einem Streit mit dem Herzog von Mailand erregte ebenso die Gemüter wie sein Einsatz für den Abschluss eines Bündnisses mit dem Haus Habsburg (die Erbeinung). Die Hinrichtung eines Luzerner Widersachers von Waldmann in Zürich tat ein Übriges, um den Ruf des Bürgermeisters zu schädigen. Das Bild des Tyrannen, das im Kampf gegen Karl den Kühnen sorgsam als Gegenbild zur Eidgenossenschaft aufgebaut worden war, wurde nun auf einen inneren Feind, auf Waldmann, angewendet.

Der Sturz wurde schliesslich eingeleitet, als Waldmann den Befehl gab, die Hunde der Bauern erschlagen zu lassen, um die Jagd auf das Niederwild zu unterbinden. Die Landschaft protestierte. Man zog vor die Mauern der Stadt und forderte die Rücknahme der Massnahmen. Die Ereignisse begannen sich zu überschlagen. Zu den Demonstranten der Landschaft gesellten sich die Gegner Waldmanns in der Stadt. Eidgenössische Gesandte trafen ein, die aber nicht der Obrigkeit zu Hilfe eilten (wie Waldmann dies unter Berufung auf das eidgenössische Recht erbat), sondern eine vermittelnde Rolle einnahmen. Am Ende standen die Neubesetzung des Rates, die rechtliche Gleichstellung der Zürcher Landschaft mit der Stadtgemeinde, die Festnahme Waldmanns und schliesslich dessen Verurteilung zum Tode.

Waldmanns Hinrichtung am 6. April 1489 wurde zu einer politischen Demonstration der besonderen Art. Hoch über

Hinrichtung des Bürgermeister Hans Waldmann im Jahr 1489. – Darstellung aus der „Höngger-Relation", entstanden um 1500.

Zürich auf der Hegnauermatt (etwa im Bereich der heutigen Hohen Promenade) wurde die Richtstatt erbaut. Bürger, Untertanen und Vertreter der eidgenössischen Stände wurden Zeugen seines Zuges zum Schafott. Er selbst spielte, da waren sich alle Beteiligten einig, seine Rolle gut. Er bat die Anwesenden um Verzeihung, bekannte seinen Glauben und wurde, kurz bevor das Schwert ihn traf, für seine aufrechte Haltung gelobt. Er hatte sein Leben verloren, seine Ehre jedoch blieb gewahrt.

Was war geschehen? War hier der Moderne der Kopf abgeschlagen worden? Wohl kaum! Tatsächlich war Waldmann in mehr als einer Hinsicht eine eher konventionelle Gestalt. Seine demonstrative Frömmigkeit, sein Drang nach ritterlicher Anerkennung, sein Bemühen, die Zünfte über seine Schritte zu informieren, und seine engen Kontakte zum Stadtadel – all dies hatte wenig Revolutionäres an sich. Die von seinen Richtern vorgebrachten Gründe des Urteilspruches entbehrten zudem nicht einer gewissen Pikanterie. Die Eidesleistung auf den französischen König oder die Missachtung von Ratsbeschlüssen: Dies waren Vorwürfe, die man nahezu jedem Rat einer eidgenössischen Stadt machen konnte.

Bei näherer Betrachtung galt die Verurteilung des Bürgermeisters eher einem selbst geschaffenen Dämon als einer Person. Die Angst vor dem Tyrannen, der fremdes Geld nutzte, um seine Mitbürger zu unterdrücken, wurde hier öffentlich ausgetrieben. Die Enthauptung Waldmanns war damit als ein Akt der Selbstvergewisserung zu verstehen. Die Eliten verpflichteten sich zur Einhaltung eines ungeschriebenen Verhaltenskodex, der allein den brüchigen Frieden garantierte. Gegenüber den Miteidgenossen, den Miträten, den Mitbürgern und auch den Untertanen hatte man Vorsicht walten zu lassen. Gerade die Erfolgreichen hatten Mitsprache zu gewähren und Zurückhaltung zu demonstrieren, denn kein noch so erfolgreicher Bürgermeister war in der Lage, das komplizierte Zusammenspiel des eidgenössischen Bundes zu kontrollieren. Um Krisen zu bewältigen, wie sie Jahrzehnte später durch die Reformation ausgelöst wurden, musste die Elite der eidgenössischen Orte mit äusserster Vorsicht vorgehen und stets den Willen zum Ausgleich unter Beweis stellen.

Zürich um 1500

Zweimal im Jahr, immer an einem Sonnabend um 12:30 Uhr, ritt der Ratsschreiber durch die Gassen der Stadt und verkündete den Bürgern, dass man sich am morgigen Tag im Grossmünster einzufinden hatte. Der Schwörtag rückte heran. Die Bürgergemeinde hatte das Ergebnis der Ratswahlen unter den Augen Gottes und mit dem Segen der Geistlichkeit zu billigen. Es war ein feierliches, bis in das letzte Detail genauestens geregeltes Spektakel. Auf den Gottesdienst folgte die Versammlung der Bürger auf den Zunftstuben. Der Kleine Rat trat währenddessen in der Chorherrenstube beim Grossmünster zusammen. Auf ein Signal der Glocken hin folgte der würdige Zug der Zünfte in das Grossmünster.

Dort nahmen die neu gewählten Räte im Kirchenschiff Platz. Der vierte Geschworene Brief vom 25. Mai 1489 hatte die Wahl und die Zusammensetzung des Gremiums noch einmal neu geregelt. Sie erfolgte noch immer halbjährlich. Zwölf der 24 Räte wurden durch ein festgelegtes Verfahren durch die Zünfte frei gewählt, über zwei weitere bestimmte die Gesellschaft der Constaffel. Über die übrigen Ratssitze hatte der Grosse Rat zu entscheiden. Er entsandte sechs Zunftmitglieder, einen Constaffler und drei frei gewählte Bürger in den Kleinen Rat.

Es war ein kompliziertes Prozedere. De facto aber waren die neu gewählten Mitglieder des obrigkeitlichen Standes – ungeachtet wer sie wählte – zumeist dieselben wie jene im vorletzten Halbjahr. Nicht personelle Fluktuation sondern Stabilität kennzeichnete das politische System der Stadt. Zwei Gremien von 24 Mitgliedern, die nur im Todesfalle eines Rates neu ergänzt wurden, wechselten sich halbjährlich bei der Arbeit ab.

Am Schwörtag jedoch wurde die Illusion der kompletten Entmachtung der alten Räte und der Neueinsetzung einer Obrigkeit zelebriert. Die neuen Räte waren einfache Bürger, die erst nachdem der Stadtschreiber die Wahlergebnisse im Münster verkündet hatte, zu dem noch amtierenden Rat in den Chor steigen durften. Abgeschlossen wurde das Ritual schliesslich mit dem Amtseid der neuen Obrigkeit und dem Treueeid der Gemeinde. Ein dynamisches und doch in sich stabiles System hatte erneut seine Funktionsfähigkeit demonstriert. Spätere Darstellungen sollten es als politische Abbildung des kosmischen Systems preisen. Die Obrigkeit der Stadt, so erklärte man, befand sich – wie die Gestirne – in ewiger, harmonischer Bewegung. Der Ratswechsel dokumentierte aus dieser Sicht die Gottesnähe einer Stadt, die wie keine andere die Gesetze des Herrn zum Grundprinzip ihrer inneren Ordnung gemacht hatte.

Kleiner und Grosser Rat

Wer waren die eigentlichen Machthaber der Stadt? Der Kleine Rat, der mehrmals in der Woche tagte, bestand in der Regel aus den reichsten Bürgern der Stadt, die ihre Mitgliedschaft in diesem Leitungsgremium allen Wahlvorschriften zum Trotze stets sicherzustellen wussten. Ihre Macht hatte allerdings, wie der Fall Waldmann gezeigt hatte, ihre Grenzen. In allen wichtigen Fragen, wie etwa der Debatte über Bündnisse mit fremden Fürsten, hatte der Kleine Rat den Grossen Rat zu konsultieren. Der bestand aus dem amtierenden und dem abgetretenen Bürgermeister, dem amtierenden und dem abgetretenen Kleinrat, je zwölf Vertretern der zwölf Zünfte und 18 Constafflern. Insgesamt hatte der Grosse Rat damit 212 Mitglieder. Ende des 15. und zu Beginn des 16. Jahrhunderts tagte er häufig – im Zuge der Reformation fast so häufig wie der Kleine Rat. Während die männliche Bürgerschaft damit durchaus Chancen besass, an politischen Entscheidungen – sei es in den Zünften, sei es im Grossrat – zu partizipieren, konnten sie von der weiblichen Bürgerschaft oder von den geduldeten Einwohnern der Stadt allenfalls indirekt beeinflusst werden. Was die Landschaft anging, so konnte der Rat an der Wende zum 16. Jahrhundert kaum eine wichtige Entscheidung fällen, ohne auch deren Einwohner gehört und möglicherweise überzeugt zu haben. Zwischen 1490 und 1588 wurden zu diesem Zweck insgesamt 28 Volksanfragen gemacht.

Da politischer Einfluss und ökonomische Macht in der Stadt untrennbar zusammenhingen, schlugen sich wirtschaftliche Strukturveränderungen stets auch in der Zusammensetzung des Rates nieder. An der Wende vom 15. zum 16. Jahrhundert war ein solcher Wandel zu beobachten. Die grosse Zeit des Fernhandels war seit Mitte des 15. Jahrhunderts vorbei. Der Handel und die Textilproduktion der Stadt waren nun zunehmend auf das unmittelbare Umland ausgerichtet. Reiche Handwerkerfamilien begannen an Bedeutung zu gewinnen. Kaufleute und Rentner (reiche Landbesitzer), die 1489 das Recht zur freien Zunftwahl erhalten hatten und damit nicht mehr an die Constaffel gebunden waren, blieben dennoch einflussreich. Es war eine langsame Verschiebung innerhalb der Eliten, die durch die Reformation weder beschleunigt noch verlangsamt wurde.

Die Stadt Gottes – die Folgen
der Reformation

Das neue Jerusalem – Huldrych Zwingli
und die Folgen

„Ein Kriegsdienst ist das Leben des Menschen auf Erden. Mit den Waffen des Paulus gewappnet, muss darum in der vordern Linie tapfer kämpfen, wer sich den Ruhm erwerben will [...]"

Sehnsucht nach Martyrium klang aus diesen Zeilen, die Huldrych Zwingli am 24. Juli 1520 an seinen Mitstreiter Oswald Myconius in Luzern richtete. Die militärischen Metaphern, derer er sich bediente, stammten aus dem Buch Hiob. Sie und ähnliche Wendungen tauchten in seinen Schreiben immer wieder auf. Zwingli besass Schlachtenerfahrung. Er kannte den ungestümen Drang des eidgenössischen Fussvolks, er hatte gesehen, wie es sich angetrunken, mit lautem Geschrei und scheinbar ohne Todesfurcht gegen die feindlichen Linien bewegt hatte. Vor allem aber hatte er den bitteren Geschmack der Niederlage kennengelernt.

Vom Feldkaplan zum Solddienstkritiker

Mindestens zweimal hatte Zwingli die Glarner Truppen als Feldprediger auf ihrem Zug nach Italien begleitet. Die Schlacht von Marignano vom 13./14. September 1515 verfolgte der gelehrte Theologe möglicherweise persönlich.

Nach den Siegen in den Burgunderkriegen und im Schwabenkrieg (1499) war dies das erste Desaster für die von Erfolgen verwöhnten Schweizer. Noch 1512 waren sie im Triumph in Mailand eingezogen. Italien hatte damals den Atem angehalten. Erstand in den Alpen, wie Nicolò Machiavelli mutmasste, ein neues Rom? Setzte die neue Heimat der Bürgertugend dazu an, Italien zu erobern? Dergleichen Träume waren nun passé. Die französische Artillerie hatte das Ende der eidgenössischen

Militärdominanz eingeleitet. Katerstimmung machte sich breit. Weitere Eroberungszüge schienen nicht mehr lohnend. Wenn man dennoch finanziellen Gewinn auf dem Schlachtfeld erzielen wollte, so blieb nur der Dienst unter fremden Fahnen. Auch der Sieger von Marignano, der König von Frankreich, hatte dies erkannt und den Eidgenossen in einem Bündnisvertrag lukrative Bedingungen geboten, sofern sie ihn als bevorzugten Dienstgeber akzeptierten.

Der Dienst für fremde Herren (das sogenannte Reislaufen) war schon vor der Niederlage von Marignano eine durchaus geläufige und immer wieder heftig kritisierte Einrichtung. Die eidgenössischen Orte hatten auf den Vorwurf der Bestechlichkeit und der Sittenlosigkeit reagiert, indem sie Geldgeschenke der Fürsten an Standesvertreter schon 1503 verboten und eine stärkere Kontrolle des Militärdienstes durch die einzelnen Obrigkeiten anmahnten. Zwar trugen die Solddienstverträge mit Frankreich und anderen Souveränen, die nunmehr folgten, dazu bei, das Chaos zu ordnen, der Geldfluss an die grossen Familien nahm dennoch eher noch zu. Dasselbe galt für die Zahl der Eidgenossen, die im Felde standen. Nicht wenige Zeitgenossen reagierten mit harscher Kritik.

Der ehemalige Feldprediger Zwingli gehörte zu jenen, die besonders entschieden zur Umkehr mahnten. Er, der sich schon früh als eidgenössischer Patriot präsentierte, forderte, das Wort Gottes ernst zu nehmen. Aufmerksame Zuhörer fand er vor allem in Zürich. Das Chorherrenstift hatte ihn 1519 zum Leutpriester bestellt. Wenngleich der wortgewaltige Prediger bei seiner letzten Tätigkeit in Einsiedeln mit einer Liebesaffäre Aufsehen erregt hatte, lag diese Personalentscheidung nahe. Zwingli war ein gebildeter Mann mit besten Kontakten in die Gelehrtenwelt.

Seine Distanz gegenüber dem Solddienst, die er 1521 auch öffentlich zum Ausdruck brachte, wurde von einem Grossteil seiner neuen Gemeinde geteilt. Viele der aufstrebenden Handwerksmeister und Handelsleute betrachteten den plötzlichen Reichtum der Militärunternehmer mit Misstrauen. Die Erinnerung an die „Affäre Waldmann" war nach wie vor präsent. Zwinglis immer wütendere Attacken gegen diese Form des „Fleischhandels", wie er es nannte, trafen daher auf Billigung.

In seinen Predigten und Schriften liess er keinen Zweifel daran, dass er ihn für das Grundübel der Eidgenossenschaft hielt. Die Fürsten und Könige, so erklärte er, ruhten nicht, bis sie den von Gott gesegneten Hort des Glaubens und der Tugend verunreinigt hätten. Sie seien, so Zwingli, auf dem besten Wege dazu, denn die Gier nach dem leicht verdienten Geld drohe, die edlen Schweizer ihrer kostbaren Freiheit zu berauben. Statt sich mit ehrlichem Handwerk und Ackerbau zu nähren, ziehe man in die Ferne, schlachte Unschuldige ab, verwüste Ländereien und ergebe sich dann daheim dem Luxus.

Es sei Zeit zur Umkehr. Zwingli klagte nicht nur an, er bot auch einen Ausweg. Anstatt den Lockrufen der Verführer zu verfallen, sollten sich die Zürcher unter den Befehl ihres Hauptmanns Jesus Christus stellen. Ihm und nur ihm gehöre ihre Treue. Im selben Atemzug, in dem er Christus pries, verdammte er jene, die ihm den Thron streitig machten. Dies war in seinen Augen vor allem ein Klerus, der die Botschaft Christi aus reinem Eigennutz verdunkelte. Statt den Gläubigen die Wahrheit zu verkünden, führe man sie mit allerlei abergläubischen Lehren in die Irre. Heiligenkult und Messopfer, prunkvolle Prozessionen und Ohrenbeichte dienten letztlich nur dazu, die Taschen der Priester zu füllen. Man knechte die Seelen, um die Körper folgsam zu machen.

Der Krieg der Worte

Der Aufruf zur Umkehr, die völlige Hingabe an Christus, die neue Hinwendung zum biblischen Text und die Kritik am Klerus – all dies waren keineswegs theologische Aussenseiterpositionen. Europäische Berühmtheiten, wie Zwinglis verehrter Briefpartner Erasmus von Rotterdam, argumentierten ähnlich. Der neue Leutpriester am Grossmünster ging jedoch noch einen Schritt weiter. Er verdammte nicht nur den habgierigen Klerus, sondern begann, das Papsttum selbst als Grundübel der Kirche anzuklagen. Der Glaube allein, entfacht durch das reine Wort Christi, werde das Heil bringen. Alles Blendwerk und jedes Beiwerk war zu entfernen. Die Geistlichen sollten sich ausschliesslich auf ihr Amt – die Verkündigung – konzentrieren.

Die päpstliche Vermischung zwischen politischer und religiöser Macht lehnte er prinzipiell ab.

Diese Botschaft – die er zeitgleich zu und wohl auch beeinflusst durch Luther verkündete – war durchaus revolutionär, denn sie erklärte einen ganzen Stand für überflüssig. All die Chorherren, Nonnen, Priester und Diakone, die in Zürich lebten und wirkten, sollten künftig ihrer Privilegien und ihrer reichen Pfründen beraubt sein. Folgte man Zwingli, so waren sie einfache Bürger, die ausschliesslich ihrem Rat Gehorsam und Steuern schuldeten.

Den Senatoren verhiess die Botschaft der Reformation damit zusätzliche Macht und ein gewaltiges Vermögen. Sie war aber auch dazu angetan, Konflikte zu erzeugen. Immerhin schickte sich der Leutpriester an, die gesamte religiöse Kultur, die bislang dem Leben Rhythmus und Orientierung gegeben hatte, zu verändern. Es drohte zudem Ungemach mit all den kirchlichen Autoritäten, mit denen der Rat sich bislang zu arrangieren wusste, so etwa mit dem Bischof von Konstanz oder der Äbtissin des Fraumünsters.

Die Obrigkeit zögerte. Noch hatte der theologische Disput seine gesellschaftlichen Sprengkräfte nicht entfaltet. Um dies zu ändern und eine Kette von Ereignissen zu initiieren, entschlossen sich die Anhänger des Reformators zu einer spektakulären Demonstration.

Das „Wurstessen"

Am 9. März 1522 lud der Buchdrucker Christoph Froschauer zum gemeinsamen Mahl in sein Haus. Anwesend waren neben seinen Gesellen auch sein Freund Huldrych Zwingli und dessen Kollege Leo Jud. Es war der erste Sonntag der vorösterlichen Fastenzeit. Der Verzehr von Fleisch war strikt untersagt. Froschauer reichte den Gästen dennoch zwei geräucherte Würste. Sie wurden kleingeschnitten, verteilt und verzehrt. Zwingli schaute zu, Jud ass mit. Es war ein eindeutiges Vergehen gegen die städtische Ordnung. Der Rat bestellte Froschauer ein und verhörte ihn. Der verwies auf den Arbeitsdruck, unter dem er stand. Er habe Tag und Nacht mit seinen Gesellen in der Werkstatt gestanden, um die Aufträge für

Zechrunde in einer der Trinkstuben. – Darstellung aus dem Wappenbuch des Gerold von Edlibach, Ende des 15. Jahrhunderts.

die Frankfurter Buchmesse erledigen zu können. Mit Mus habe er sich und die seinen nicht bei Kräften halten können und Fisch sei zu teuer gewesen – eine deutliche Kritik an den Folgen der Fastenordnung, die vor allem den ärmeren Handwerksmann finanziell schädigte. Zudem, so fuhr er fort, habe ihn die Lehre Zwinglis davon überzeugt, dass es sich beim Verbot des Fleischverzehrs nicht um ein göttliches Gebot handele.

Das Fastenbrechen und dessen provokante Rechtfertigung setzten den Rat unter Handlungsdruck. Man versuchte, der Angelegenheit die Brisanz zu nehmen, indem man den Rechtsbrecher zwar vermahnte, die Sache aber ansonsten auf sich beruhen lassen wollte. Genau dies tat Zwingli nicht. Zwei Wochen nach dem Ereignis hielt er eine Predigt, in der Froschauers Handeln ausdrücklich gebilligt wurde. Sie erschien wenig später im Druck. Jetzt wurde der Bischof aufmerksam und sandte eine

53

Delegation in die Limmatstadt, die am 7. April 1522 dort eintraf. Noch immer wartete der Rat ab, wurde von Zwingli aber sehr geschickt zu einer Entscheidung gedrängt. Der Leutpriester, dem der Rat 1520 eine theologische Führungsposition in der Stadt zugebilligt hatte, forderte, seine Thesen verteidigen zu dürfen. Das Zusammentreffen zwischen Bischofsdelegation und Zwingli vor dem Rat war das erste Duell um die neue Lehre. Der Reformator suchte in den nun folgenden Monaten immer wieder die Konfrontation mit dem Gegner und er war – höchst erfolgreich – bestrebt, den Rat in den theologischen Streit hineinzuziehen.

Der Höhepunkt der geschickten öffentlichen Selbstinszenierung des Reformators, dessen Unterstützerschar im Rat langsam wuchs, war sicherlich am 29. Januar 1523 zu bewundern. Die Obrigkeit lud nunmehr zu einer grossen Disputation auf das Rathaus. Rund 600 Personen erschienen. Dicht gedrängt verfolgte man die Auseinandersetzung zwischen Zwingli und seinem Gegner Faber. Die Vertreter des alten Glaubens erkannten, dass der Reformator die Entscheidung suchte. Man tat daher alles, um einer offenen Konfrontation aus dem Wege zu gehen. Zwingli provozierte den Gegner dagegen nach Kräften. Vor allem seine derben Anwürfe gegen „die grossen Hansen" fanden beim Publikum lebhaften Zuspruch.

Der Rat hatte genug gehört. Das hilflose Agieren Roms, die Erfolge der Reformation im Norden des Reiches und die positive Haltung der Gemeinde sprachen für ein klares Signal. Der Grosse Rat der Stadt Zürich stellte fest, dass an den Lehren Zwinglis keinerlei Irrglaube habe festgestellt werden können. Die Dämme waren damit gebrochen.

Reformation

Die Entwicklung, die nun einsetzte, erwies sich als kaum noch kontrollierbar. In der Nacht vom 6. auf den 7. September fand in St. Peter, der Pfarrkirch Leo Juds, ein „wild grümpel" statt. Tafeln, Statuen und Altäre wurden beschädigt oder vollständig zerstört. Der Kampf gegen die Bilder hatte begonnen. Zugleich begann sich auf dem Lande Unmut auszubreiten. Erste Gemeinden weigerten sich unter Verweis auf die neue Lehre, die alten kirchlichen Abgaben – den Zehnten – zu bezahlen. Radikalere Prediger, die den Rat nicht als weltlichen Arm der Gemeinde sahen, begannen hier Gehör zu finden. Pfarrer, so hiess es, sollten von allen gewählt und nicht einfach eingesetzt werden. Auch beklagte man die Inkonsequenz Zwinglis. Wenn dieser sich ausschliesslich auf die Schrift berufe, warum stimme er dann weiterhin der Kindertaufe zu?

Zwingli reagierte mit Vorsicht auf diese Forderung. Statt auf seine Herausforderer direkt einzugehen, liess er eine erneute Disputation mit der altgläubigen Seite anberaumen. Vertreten wurde sie diesmal vom Chorherrn Konrad Hoffmann, dessen Position von Anfang an aussichtslos war. Ziel des vor breiten Bevölkerungsschichten ausgetragenen Schaukampfes war es diesmal, die Position Zwinglis zu stärken. Er und nicht jene, die nach seinem Dafürhalten zu schnell auf dem Weg der Reformation voranschritten, sei, so die Botschaft, der wahre Vorkämpfer der reinen Lehre. Auch Glaube, so Zwingli, musste langsam wachsen. Um den radikalen Kräften entgegen zu kommen, erklärte er sich indes bereit, Bilder aus dem Kirchenraum entfernen zu lassen.

Zürich, das neue Jerusalem, hatte die Reinheit seiner Kirche sicherzustellen. Zwischen 1524 und 1526 wurde die Kirchenverfassung grundsätzlich verändert. Die Klöster wurden aufgelöst. Selbst die Äbtissin des Fraumünsters, Katharina von Zimmern, übergab die Schlüssel ihres Konvents dem Rat, der künftig den gesamten Kirchenbesitz verwaltete. Im Gegenzuge hatte er die Finanzierung der Kranken- und Armenversorgung, aber auch der Schulen sicherzustellen.

Die Pastoren waren nunmehr Bürger wie alle anderen. Zwinglis eigene Eheschliessung im Gefolge der dritten Zürcher Disputation zeigte diese Teilhabe der Seelsorger an der Gemeinschaft der Hausväter in aller Deutlichkeit. Im politischen Alltagsgeschäft war indes von der hier zur Schau gestellten Zurückhaltung nur wenig zu verspüren. Indem Zwingli den Rat als Vertreter der Gemeinde in die Entscheidung über Glaubensfragen (etwa im Rahmen der Disputationen) einband, hatte er ihn zugleich auf die neue Lehre verpflichtet. Deren Deutungsanspruch ging – wie die Senatoren bald erfuhren – über individuelle Erlösungsversprechen deutlich hinaus. Immerhin war die nunmehr vom Schleier des Papismus befreite Heilige Schrift in den Augen des Reformators nicht nur Heilsinstrument, sondern auch Leitfaden für Politiker und Richter. Wie die Lehren des alten Israel dem neuen Jerusalem an der Limmat dienlich sein konnten, wusste der Reformator der Obrigkeit in Form von Predigten und vor allem Gutachten zu erläutern

Der Klerus hatte sich gewandelt: Aus ohnmächtigen Privilegienträgern waren mächtige Hüter eines Expertenwissens geworden, das als Schlüssel zum geistlichen wie politischen Erfolg gepriesen wurde. Gleich ob es um die Umstrukturierung des Chorherrenstifts oder Reformen in den Untertanengebieten ging, ob Täufer oder Solddienstführer zu bestrafen und hinzurichten waren – letztlich folgte der Rat den Ratschlägen des Reformators.

Die „liebliche Jungfrau"

Die enge Verzahnung zwischen Kirche und Rathaus, die so kennzeichnend war für das reformierte Zürich, wurde 1525 mit der Einrichtung eines Ehegerichtes fassbar. Zwei Pastoren und je zwei Vertreter des Kleinen und des Grossen Rates wachten hier über die Sitten der Bürgergemeinde, zu der nun auch die Geistlichkeit zählte. Ehebruch und Unzucht, Hexerei und Häresie, Blasphemie und Tanzvergnügen wurden hier mit Ermahnungen, Kirchenstrafen, Geldbussen, ja sogar mit Leibesstrafen geahndet. Die weltlichen und die geistlichen Diener Gottes wachten – so die Botschaft dieses Gremiums, das in zahlreichen Städten der Schweiz und des alten Reiches nach dem Zürcher Muster eingerichtet wurde – gemeinsam darüber, dass die „liebliche Jungfrau" (die Kirche Jesu Christi) nicht von Umtrieben des Antichristen in den Schmutz gezogen würde.

Krieg um den Glauben

Ungeachtet aller öffentlich zelebrierten Harmonie war bei den politischen Entscheidungsträgern auch Unbehagen zu spüren. Der Reformator war ein Mann des Streits. Dem Wittenberger Martin Luther widersprach er in Fragen des Abendmahls und

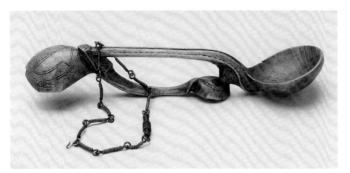

Der Ehelöffel wurde streitenden Ehepaaren vorgelegt, um ihnen vor Augen zu führen, wie stark Mann und Frau gerade auch wirtschaftlich aufeinander angewiesen sind. Da Ehescheidungen seit der Reformation möglich waren, gewannen dergleichen pädagogische Massnahmen an Bedeutung. – Ehelöffel aus dem 16. Jahrhundert. SNM – Landesmuseum Zürich.

den benachbarten Eidgenossen warf er vor, die eidgenössische Freiheitstradition zu verraten, wenn sie sich ihm nicht anschlössen. Die Reformation musste, so seine Einschätzung, an Profil gewinnen und aussenpolitisch flankiert werden.

Zwischen 1527 und 1529 schloss die Stadt „christliche Burgrechte" mit Konstanz, Bern, St. Gallen, Biel, Mühlhausen, Basel und Schaffhausen ab. Zusätzlich wurde am 18. November 1530 zwischen Zürich, Basel, Strassburg und dem Landgrafen Philipp von Hessen das „Christliche Verständnis" vereinbart. Eine neue Struktur der Eidgenossenschaft begann sich hier abzuzeichnen, die als geistliche und politische Einheit weit stärker kooperierte als die alte und sich auch zum Reich hin öffnete. Zürichs alte Bindungen in den oberdeutschen Raum waren reaktiviert und intensiviert worden. Jene Orte, die dem alten Glauben treu geblieben waren, sahen sich in die Defensive gedrängt und suchten ihrerseits die Nähe zum Hause Habsburg. Zwingli zeigte sich alarmiert und drängte auf eine militärische Entscheidung.

Anlass für einen ersten Waffengang im Juni 1529 waren Streitigkeiten über die Besetzung einer Landvogtei. Bevor es zu einer Schlacht kam, gelang einem Vertreter des Standes Glarus allerdings die Vermittlung. Beide Seiten stimmten einem Landfrieden zu, der das zukünftige Zusammenleben zwischen Alt- und Neugläubigen regeln sollte. Die Grundidee des Landfriedens bestand darin, religiöse Fragen aus den Verhandlungen der Stände herauszuhalten. Der vor Gott beschworene Bund sollte künftig konfessionell neutral sein: ein revolutionärer, langfristig für ganz Europa wegweisender Ansatz.

Zwingli stand ihm ablehnend gegenüber. Er hoffte nach wie vor auf einen Sieg der Reformation, und sei es mit Waffengewalt. 1531 schien seine Stunde endgültig gekommen zu sein. Zermürbt durch eine Getreidesperre rüsteten die Waldstätte zum Krieg. Zürich antwortete mit einem Aufmarsch von Truppen, an dessen Vorbereitung Zwingli intensiv beteiligt war. Bei Kappel trafen die Heere am 11. Oktober aufeinander. Dieses Mal gab es kein Erbarmen. Zürichs dürftig ausgestattete Armee wurde vernichtend geschlagen.

Der Tote unterm Birnbaum

Nach dem Ende des blutigen Ringens suchten die Sieger nach verwundeten Kameraden. Traf man auf Protestanten, so wurden sie ohne viel Federlesens getötet. Einer der Häretiker, den man unter einem Birnbaum fand und der schwach atmete, wurde noch ermahnt, seine Seele der Heiligen Jungfrau zu befehlen.

Eisenhut Huldrych Zwinglis. Der Name des Trägers wurde vermutlich in Luzern eingeätzt. Erst nach der Niederlage des Sonderbundes (1848) wurde das Beutestück den Zürchern ausgeliefert. – SNM – Landesmuseum Zürich.

Wenn er wolle, könne er noch einem Priester beichten. Was wie ein Akt des Mitleids klang, war nichts als Spott, denn der Mann, der müde das Haupt schüttelte, hatte – wie die Sieger wussten – kaum etwas mit dem Klerus der alten Mutter Kirche im Sinn. Man gab ihm den Todesstoss.

Es sollte noch ein Tag vergehen, bis die Altgläubigen begriffen, wer der schwer Verletzte, den sie ins Jenseits befördert hatten, genau war. Nachricht war in das Feldlager gedrungen, dass der Zürcher Oberketzer bei Kappel seinen letzten Atemzug getan hatte. Man schickte erneut Soldaten über das Schlachtfeld und liess nach ihm Ausschau halten. Es war ein Bekannter aus Zug, der in dem Toten am Birnbaum schliesslich Huldrych Zwingli erkannte. Betroffenheit legte sich über die Sieger. Wie hatte man sich nur die Gelegenheit zu einem Ketzerprozess entgehen lassen können? Nun, immerhin hatte man die Leiche. Ein Gericht wurde besetzt, über sie ein Gott gefälliges Urteil zu sprechen. Nach summarischem Prozess – immerhin waren Widerworte des Angeklagten nicht zu erwarten – liess man das, was vom Reformator, Feldkaplan, Humanisten, Politiker und Dichter übrig war, vierteilen und verbrennen. Die Asche wurde in alle Winde zerstreut.

Wer gehofft hatte, mit den Siegen bei Kappel und einige Tage später bei Menzingen der Reformation den Todesstoss versetzt zu haben, sah sich rasch eines Besseren belehrt. Dies war durchaus erstaunlich. Bis Zwinglis Kernbotschaften in ein weitgehend geschlossenes theologisches Dogmensystem transformiert wurden, sollten noch Jahrzehnte vergehen. Noch länger sollte es dauern, bis die neue Lehre alte Praktiken der Volksfrömmigkeit verdrängte. In mancherlei Hinsicht hatte Zwingli dennoch tiefe Spuren in Zürich hinterlassen. Dies galt sicher für die neue, kaum noch revidierbare Verteilung des kirchlichen Besitzes, sowie für die Neudefinition des geistlichen Standes. Hinzu kamen symbolische Akte der Abgrenzung vom Papsttum und vom alten Klerus. Die Neugestaltung der Kirchenräume, die neue Abendmahlsordnung, die Abschaffung der Prozessionen hatte die religiöse Kultur Zürichs nachhaltig verändert.

Zwingli hatte der Stadt eine Mission zugesprochen. Sein neues Jerusalem war nicht aus Stein gebaut, sondern aus den Seelen der Bürger. Es war ein Hort des Glaubens und der Reinheit, der durch beständige Wachsamkeit seiner Bürger am Leben erhalten wurde. Die Idee, hinter dem sichtbaren Zürich stehe eine unsichtbare Idealstadt des Glaubens, die ein Beispiel für die ganze Christenheit gebe, sollte die weitere Zukunft dieses Gemeinwesens prägen wie kaum eine andere.

Die Aufgabe, dieses Bewusstsein der eigenen Sendung mit den Beschränkungen des eidgenössischen Bundes in Einklang zu bringen, oblag nicht mehr Zwingli – sie war von seinem Nachfolger Heinrich Bullinger zu bewältigen.

Die Republik der Gelehrten

Helvetiens Kindertage – das patriotische Zürich

Woher stammte sein Interesse für die eidgenössische Geschichtsschreibung? Heinrich Bullinger, der Freund und Nachfolger Huldrych Zwinglis, verwies am Ende seines Lebens auf Schlüsselerlebnisse in der Jugendzeit. Schon 1530 habe der damals 26-Jährige ein „sundern lust zu den historien" gehabt. Begierig habe er die Werke antiker und zeitgenössischer Autoren verschlungen und sich gefragt, ob nicht auch in der Geschichte seines „geliebten Vaterlands", der „gmeinen Eydnossenschaft", viel vom „wunderwerke Gottes" zu erfahren wäre. Doch er habe umsonst nach einer Geschichtssammlung gesucht. Dieser Mangel habe ihn sein Leben lang getrieben. Wann immer ihm Zeit dazu verblieben sei, habe er eifrig nach dem Wirken Gottes in seinem Heimatlande geforscht und seine Funde zu Papier gebracht.

Das Engagement des in ganz Europa gefeierten Zürcher Theologen war keineswegs eine Einzelerscheinung. Mit der Wende vom 15. zum 16. Jahrhundert nahm das Interesse an Geschichtswerken in den eidgenössischen Städten rasant zu. Hatte man bis dato auswärtige Fachkräfte damit beauftragt, Chroniken zu verfassen, so wandten sich nunmehr Bürgermeister und prominente Theologen dieser Aufgabe zu. Die Darstellung der eigenen Geschichte war offenbar zu einer diffizilen Angelegenheit geworden, die man nicht in fremde Hände legen konnte und wollte.

Einen wichtigen Grund für diese Entwicklung hatte Bullinger in seiner kleinen autobiografischen Betrachtung benannt. Die noch junge Eidgenossenschaft befand sich unter Konkurrenzdruck. Die Monarchen, mit denen man verkehrte, konnten auf stolze, meist prachtvoll gefälschte Stammbäume verweisen. Sie spendeten Legitimität und verhiessen aufgrund der Traditionslinien, die sie beinhalteten, Berechenbarkeit. Die Eidgenossen waren demgegenüber eine Gemeinschaft ohne historische Prestigetitel. Ihre Gegner konnten sie genüsslich als Barbaren und Aufrührer verspotten, ohne dass man dem viel entgegenzusetzen hatte. Nur der Erfolg wies sie als Gesegnete Gottes aus. Doch was geschah, wenn der Sieg auf dem Schlachtfelde ausblieb?

Wollten sie dauerhaft zu einem respektablen Verhandlungspartner werden, so bedurften die Eidgenossen dringend der historischen Anerkennung: Sie brauchten eine eigene Geschichte. Aus ihr liessen sich all die Rechtstitel ableiten, die man beanspruchte, aber auch all die Tugenden, die man erstrebte, all die Leitbilder, die man benötigte.

Eine Möglichkeit, sie zu erlangen, bot die humanistische Gelehrtenkultur. Getragen vom missionarischen Willen, die lateinische Sprache zu reinigen, die Tugenden der Antike zu neuem Leben zu erwecken und die eigene Karriere zu fördern, hatten die Humanisten an Höfen und in Städten des 15. und 16. Jahrhunderts Fuss gefasst. Sie versprachen, nützliches Wissen zu Lebensführung und Politik zu vermitteln und Machthaber mit Legitimationsdefiziten aufzuwerten. Eine ihrer wichtigsten Erfindungen war zweifellos die Nation. Statt einzelne Geschlechter auf trojanische Wurzeln zurückzuführen, wurden nunmehr ganze Völkerschaften nobilitiert.

Für die Eidgenossen war dies eine geradezu perfekte Lösung ihres Problems. Immerhin hatten sie mit dem kleinen gallischen Volksstamm der Helvetier einen potenziellen antiken Ahnherrn vorzuweisen. Die intensive historiografische Beschäftigung mit diesen Gebirgskelten, die ab etwa 1500 von eidgenössischen Humanisten wie Heinrich Loriti (genannt Glarean) und Joachim von Watt (genannt Vadian) energisch vorangetrieben wurde, barg allerdings einige nicht zu unterschätzende Probleme. Abgesehen davon, dass die Grenzen ihres Siedlungsbereiches nicht ganz den Wünschen der Eidgenossen entsprachen, stellte sich die Frage, wie regionale Herkunftsmythen in das neue Geschichtsmodell zu integrieren waren. Es bedurfte gewaltiger Anstrengungen, um all diese Probleme wissenschaft-

lich befriedigend zu lösen. Eine simple Fälschung war im Jahrhundert der vertieften Quellenkritik nicht mehr ausreichend,
um europäische Akzeptanz zu finden.

Bei allem Trennenden war in diesem Punkte eine Gemein-
samkeit der katholischen und der reformierten Städte festzustellen. Kaum war die Schlacht von Kappel geschlagen, da begann in den 1530er-Jahren ein reger Austausch der Gelehrten.
Als Koordinationszentrum diente ausgerechnet Zürich.

Dessen neuer geistlicher Führer, der bereits erwähnte Heinrich Bullinger, zeigte sich als findiger Historiker, der mit katholischen Politikern wie Ägidius Tschudi in engem patriotischem
Austausch stand. Gemeinsam rang man um ein stimmiges
Modell der eigenen Herkunft und demonstrierte dadurch den
europäischen Nachbarn Einigkeit. Die Debatte um die helvetische Heldenzeit war indes mehr als nur eine Demonstration
nach aussen, sie bildete zugleich ein Forum der Selbstvergewisserung und eine Arena des Kräftemessens. Zürich vermochte
sich hier ausgesprochen erfolgreich zu behaupten. Seine rühri-
gen Gelehrten unterstrichen eindrucksvoll die eigene Bedeutung als kulturelle Taktgeber der Eidgenossenschaft. Wollte die
als Zentrum der Gelehrsamkeit respektiert werden, so war dies
ohne Zürich nicht möglich.

Zugleich beruhigte das gemeinsame Sinnieren über die helvetische Vergangenheit die katholischen Nachbarn. Indem gerade Bullinger wortreich die Zugehörigkeit der Stadt zum Alpenraum betonte und die schwäbischen Nachbarn verdammte,
schwor er zugleich allen fremden Bündnissen ab. In der Wah-
rung der eigenen Unabhängigkeit waren sich die Nachfahren
der Helvetier, so versicherte man den katholischen Inner-
schweizern, einig. Das Vaterland durfte am Religionsstreit nicht
zerbrechen.

Das reformierte Rom – die Predigerschmiede

Zürich hatte sich in der Tat neu positioniert. Dennoch hielt
man die Tür für neue Entwicklungen offen. So entwickelte
Bullinger neben seinem eidgenössisch-helvetischen ein zweites
Geschichtsmodell, das einen völlig anderen, konfessionellen

Charakter trug. Es entstand zwischen 1572 und 1574 – zu einer Zeit also, als die protestantischen Mächte in Europa wieder in der Offensive waren und die Gefahr eines habsburgischen Eingreifens zugunsten der katholischen Orte der Eidgenossenschaft ferner denn je schien. In nur zwei Jahren schuf der Vorsteher der Zürcher Kirchen, gleichsam als Freizeitbeschäftigung, ein vierbändiges Werk von insgesamt 1800 Folioseiten, auf denen er die Geschichte Zürichs ausbreitete. Die eidgenössischen Bundesbrüder fanden hier nur am Rande Erwähnung, wichtig war die Verherrlichung einer Stadt, die Bullinger als leuchtendes Vorbild der Christenheit feierte. Sie war – so Bullinger – älter als Rom und hatte anders als das Babylon am Tiber niemals die reine Lehre Gottes verleugnet. Der Gegensatz zwischen Rom und Zürich, zwischen Dunkelheit und Licht durchzog das Werk wie ein roter Faden. Die Stadt des Glaubens hatte sich dabei beständig der Einflüsse des römischen Antichristen zu erwehren. Immer wieder hatte Zürich um seinen Glauben ringen müssen, war es in Versuchung gebracht worden und hatte gesündigt. Erst mit der Reformation war dieser lange Streit siegreich beendet worden.

Zürich als ein neues, ein besseres Rom? Wie konnte eine kleine Stadt von 5000 Einwohnern, die nur halb so gross wie Bern oder Luzern war, diesem Anspruch gerecht werden? Tatsächlich war die Ausstrahlungskraft der Stadt und vornehmlich ihrer Geistlichkeit beträchtlich. Bullinger allein hinterliess eine Korrespondenz von mehr als 12.000 Briefen. Seine Kontakte erstreckten sich über den gesamten europäischen Kontinent von Siena bis Kopenhagen, von Brest–Litowsk bis La Rochelle. Könige, Fürsten, Räte und Professoren suchten seinen Rat. Gemeinsam mit Calvin entwickelte er ein theologisches Modell, das der Reformation über die Reichsgrenzen hinaus zum Durchbruch verhalf. Sein Haus wurde denn auch zu einem Taubenschlag für Ratsuchende und Verfolgte aus Italien ebenso wie aus England oder aus dem Reich.

Noch bei Amtsantritt war seine Position äusserst unsicher gewesen. Der Rat und die Landschaft Zürichs hatten von Bullinger gefordert, sich – anders als Zwingli – aus politischen Fragen herauszuhalten. Der hatte zwar auf seiner Redefreiheit bestanden, jedoch politische Abstinenz gelobt. Mit dem wachsenden Renommee des Geistlichen, von dem auch seine Obrigkeit zehrte, nahm indes auch sein Einfluss zu. Anders als Zwingli wusste er diesen zu nutzen, ohne den Rat in neue Schwierigkeiten zu stürzen. Sein Balanceakt zwischen konfessioneller Polemik und eidgenössischer Friedensrhetorik, zwischen der Verherrlichung der helvetischen Nation und dem Lobpreis des reformierten Rom war ebenso erfolgreich wie stilbildend. Im Umkreis des Theologen gewann die Bücherstadt Zürich an Konturen.

Die Geburtsstunde der Hohen Schule

Die Autoren gelehrter Werke bedurften der Ausbildung, des intellektuellen Austausches und der finanziellen Unterstützung. Um dies sicherzustellen, hatte der Grossrat am 29. September 1523 eine Reform des Grossmünsterstifts beschlossen. Ziel war es, das Grossmünster als rechtliche Körperschaft zu erhalten, freiwerdende Pfründen jedoch einer neuen Nutzung zuzuführen. Neben der Armenfürsorge sollte insbesondere die Ausbildung der Pfarrerschaft gefördert werden. Es war die Geburt der renommierten Hohen Schule, des sogenannten Carolinums, das von Beginn an Elitenförderung mit Volkserziehung zu verbinden suchte. Zwingli, der seit 1525 oberster Schulherr war, machte durch öffentliche Vorlesungen im Chor des Grossmünsters unmissverständlich deutlich, dass er einen offenen Austausch zwischen Gelehrten verschiedener Fachrichtungen wünschte und auch Laien in den Lehrbetrieb zu integrieren versuchte. Einen weiteren Versuch, die Früchte der Gelehrsamkeit für die Gemeinde nutzbar zu machen, stellte eine gemeinsame Bibelübersetzung dar, mit der Zwinglis Freundeskreis auch über die Stadtgrenzen hinaus auf sich aufmerksam machte. Das so geschaffene Bildungszentrum hatte auch nach dem Tode des Reformators weiter Bestand. Es wurde unter der Ägide Bullingers jedoch stärker institutionalisiert. Vornehmlich in den Räumen des Stifts, die 1849 mit Ausnahme des Kreuzganges abgebrochen wurden, entfaltete sich ein reger Lehrbetrieb. Man trat mit etwa 17 Jahren in das Collegium ein und wurde in Theologie, den alten Sprachen und ab 1548 auch in Naturwissenschaften unterrichtet. Die Namen der Lehrkräfte hatten auch international einen guten

Klang. Dies galt insbesondere für die Hebraistik, die mit Konrad Pellikan und seinem Nachfolger Pietro Mariano Vermigli durch zwei bewunderte Koryphäen ihres Faches vertreten war.

Die Hohe Schule wurde zu einem Anziehungspunkt für Studenten aus ganz Europa. Das Zürcher Beispiel machte – im wahrsten Sinne des Wortes – Schule. Bestrebt, den Erfolg nachzuahmen, entstanden ähnliche Lehranstalten in Bern, Lausanne und Genf. Aber auch im Reich, in Ungarn, Polen, Schottland und selbst in Neu-England liess man sich vom Beispiel der Limmatstadt inspirieren.

Die Stadt der Bücher

Die in Zürich ansässigen Gelehrten machten nicht nur als akademische Lehrer, sondern auch als unermüdliche Produzenten von Predigten, Tagebüchern, Briefen, Gutachten und vor allem Büchern auf sich aufmerksam. Neben theologischer Fachliteratur entstanden naturwissenschaftliche, historische, staatsrechtliche und belletristische Werke von Rang.

Die Gelehrten im Umkreis der Hohen Schule zeigten sich sowohl als erbitterte Kontroverstheologen als auch als Meister der überkonfessionellen Debatte. Sie mehrten den Ruf der Stadt als neues Jerusalem, als Bollwerk der kämpferischen Reformation und bewährten sich zugleich als treue eidgenössische Patrioten. Conrad Gessner (1516–1565), einer der umtriebigsten Universalgelehrten seiner Zeit, wurde nicht müde, die Schönheit der Alpen zu preisen und deren Pflanzenwelt zu erfassen. Johannes Stumpf (1500–1577/78) verfasste mit seiner eidgenössischen Chronik einen regelrechten „Bestseller" seiner Zeit. Josias Simmlers (1530–1576) in deutscher und lateinischer Sprache 1576 herausgegebene Verfassungskunde prägte das Bild von der eidgenössischen Republik bis ins 18. Jahrhundert.

An der Limmat wurden Bücher nicht nur geschrieben. Sie wurden hier auch gedruckt, verlegt und gesammelt. Der Anspruch, ein geistiges Zentrum von internationalem Ruf zu sein, wurde wohl an keinem anderen Ort ähnlich fassbar wie in der

Zürcher Bibliothekslandschaft. Ihren Grundstein hatte der Theologe Konrad Pellikan (1478–1556) gelegt, der die durch Bildersturm und Vernachlässigung heruntergekommene Stiftsbibliothek wieder auf- und ausbaute. Sorgfältig katalogisierte er die Bestände der wachsenden Sammlung, die 1551 immerhin schon 770 Bände mit 1100 Titeln umfasste. Während die Stiftsbibliothek primär den Mitgliedern des Kapitels offenstand, wurde 1629 von vier Kaufleuten eine Büchersammlung begründet, die allgemein zugänglich sein sollte. Die „Bibliotheca nova", die seit 1634 in den Räumen der Wasserkirche untergebracht war, wuchs aufgrund zahlreicher Spenden rasch an und wurde zu einer weiteren Quelle des Stolzes. Die Tempel des Wissens wurden zu einem markanten Kennzeichen des reformierten Zürich. Die physische Ruhe des Lesers stand hier in einem eigenwilligen Widerspruch zu seiner geistigen Bewegtheit. In der Geborgenheit der Studierstube erweiterte sich der Blick des Gelehrten, er hatte Teil an Diskussionen der europäischen Geistesgrössen und folgte ihnen auf dem Weg zur Erkenntnis des göttlichen Gesetzes. Die Bibliotheken, deren Bücher einen unsichtbaren Tempel Salomos zu gestalten schienen, waren Stätten, in denen der Bürger die Grenzen seiner Stadt überschritt.

Wer die historischen Bestandskataloge der beiden Sammlungen, die 1914 zur Zentralbibliothek Zürich zusammengeführt wurden, durchsieht, kann noch heute Entdeckungen machen. So die staunenswert umfangreichen Aufzeichnungen des Zürcher Chronisten Johann Heinrich Fries (1639–1718), die Naturbeschreibungen der beiden Ärzte Johann Jakob Wagner (1641–1695) und Johann Jakob Scheuchzer (1672–1733), der umfangreiche Briefwechsel des Theologen und Orientalisten Johann Heinrich Hottinger (1620–1667) oder die Reisebeschreibungen und autobiografischen Schriften des Bürgermeisters Johann Heinrich Waser (1600–1669).

So klein und unscheinbar die Stadt an der Limmat dem durchreisenden Gast des 16. und 17. Jahrhunderts auch erscheinen mochte, so war sie doch eines der wichtigsten Zentren des europäischen Protestantismus und gleichzeitig der kulturelle Mittelpunkt der konfessionell gespaltenen Eidgenossenschaft. Diese Ambivalenz machte ihre Bedeutung und ihren Reiz aus, sie erzeugte aber auch Spannungen und Probleme, die kaum lösbar erschienen.

Dies galt umso mehr, als die Stadt längst Teil eines europäischen Mächtespiels war und sich mühte, ihren Platz in einem System der souveränen Staaten zu finden.

Der königliche Eidgenosse – die Stadt und der Sonnenkönig

Wie rechtfertigt man einen Diebstahl? Der Zürcher Ratsherr und Militär Thomas Werdmüller versuchte es, indem er den Raub der französischen Kronjuwelen als ein Heldenstück darstellte. Ganz Paris, so erklärte er dem Rat in einem Schreiben vom 29.9.1652, habe sich in Aufruhr befunden. Das Geschmeide der Königin, das den Eidgenossen zum Pfande überantwortet worden war, sei in höchster Gefahr gewesen. Er selbst und sein Kamerad Dietegen Holzhalb hätten es daher nicht verantworten können, die Preziosen in den Händen ihrer Kameraden in Frankreich zu belassen. Man habe sie an sich genommen und sie unter Lebensgefahr an sichere Orte – Schaffhausen und Zürich – gebracht.

Niemand mochte dieser Darstellung so recht glauben. Von allen Seiten hagelte es Proteste. Die eidgenössischen Kommandeure in Paris wollten ihr Pfand zurückhaben und auch der französische Hof drohte mit Konsequenzen, wenn die Juwelen der Königin nicht sofort nach Frankreich zurückgebracht würden. Werdmüller und seine Helfer beeindruckte der Chor der Kritiker nicht. Er behielt den Schmuck und stürzte seine Stadt damit in eine weitreichende diplomatische Krise. Zürichs Beziehung zu seinem wichtigsten Verbündeten trat in eine neue, nunmehr von wachsender Distanz geprägte Phase. Die Stadt an der Limmat verlor ihren Protektor und hatte ihren Platz im Europa der Mächtigen nun selbst zu behaupten.

Wenngleich bis 1642 nur schwach befestigt, war Zürich von den militärischen Erschütterungen des 17. Jahrhunderts weitgehend verschont geblieben. Den Dreissigjährigen Krieg, der das Reich verheerte, nahm man aus der Beobachterperspektive wahr. Wie eine Insel des Friedens trotzten die Stadt und ihre Eidgenossen den um sie herum tosenden Wirren der Konfessionskriege. Dass es im 17. Jahrhundert nur ein einziges Mal (1656) zu einem kurzen Waffengang zwischen den katholischen und den protestantischen Ständen der Schweiz kam, erstaunte bereits die Zeitgenossen.

Ein wichtiger Grund für diese Entwicklung lag im Kalkül der europäischen Grossmächte. Diese zeigten keinerlei Interesse an einer Destabilisierung der kleinen Republik. Warum auch? Habsburger und Bourbonen nutzten das Land gleichermassen als Schmuggelzentrum, Söldnerreservoir und Getreidelieferanten. Es war speziell im 30-jährigen Krieg für beide Seiten nützlicher, die Waffen schweigen zu lassen. Die Eidgenossen selbst wussten die Chance, die sich aus dieser Konstellation ergab, zu nutzen. Man erklärte sich für neutral und vermied offene Konflikte, die eine Grossmacht zum Eingreifen hätten provozieren können. Im Rahmen des Westfälischen Friedens wurde dieses für alle Seiten erfolgreiche Modell rechtlich fixiert. Aus dem Reichsstand wurde – zumindest de facto – eine souveräne Republik, von der man erwartete, dass sie sich auch künftig aus europäischen Konflikten heraushielt.

Gefördert wurde der neue Pufferstaat von Frankreich, das vor allem in der protestantischen Schweiz als Schutzmacht wahrgenommen wurde. Die zunächst so duldsame Haltung der Bourbonen gegenüber der eigenen reformierten Minderheit stimmte selbst die Zürcher Pastoren milde, und so hatte man sich bereits 1614 zu einem Bündnisvertrag entschlossen. Neben grosszügigen Pensionsgeldern und hohen Solddienstzahlungen verhiess die Allianz den Zürchern wichtige Privilegien beim Textilhandel. Zwar wurden Allianzen auch mit anderen europäischen Partnern (wie etwa Venedig) geschlossen, doch blieben diese in ihrer Bedeutung weit hinter dem französischen Bündnisvertrag zurück.

Too big to fail – Zürich, die Tagsatzung und die französische Zahlungskrise

Neben Wohltaten bescherte die Freundschaft mit Frankreich der Stadt allerdings auch unerwünschte Abhängigkeiten. Dies zeigte sich spätestens im Krisenjahr 1649. Es war das zweite Jahr der Fronde – eines französischen Adelsaufstandes, der das Haus der Bourbonen an den Rand des Abgrunds führte. Die eidgenössischen Truppen und insbesondere die Schweizer Garde des Königs waren in dieser Situation geradezu unentbehrlich. Jedoch stellte sich Mazarin, dem ersten Minister des noch jungen Ludwigs XIV., die Frage, wie man deren kostspielige Dienste weiter bezahlen sollte. Statt klingender Münze erhielten sie allenfalls Zahlungsversprechungen, deren Wert von Tag zu Tag abnahm. Die Situation für die Schweizer Solddienstunternehmer, mehr aber noch für ihre Unteroffiziere und Soldaten, wurde dadurch langsam prekär. Meldungen von bettelnden eidgenössischen Soldaten machten die Runde. In Paris schlossen sich die Regimentskommandeure zusammen und forderten drastische Massnahmen. Die eidgenössischen Orte mögen beschliessen, den Solddienstvertrag mit Frankreich zu kündigen.

Das betreffende Schreiben ging nach Zürich. Dort war man unsicher. Die Ratsherren vermieden alles, was dazu angetan war, Frankreich zu brüskieren. Andererseits konnte Zürich die Proteste gegen die französische Haltung, die vor allem in den katholischen Orten an Bedeutung zunahm, kaum ignorieren. Es kam zu hektischen Verhandlungen. Als Vorort der Eidgenossenschaft koordinierte Zürich den Meinungsaustausch der dreizehn Orte und versuchte dabei, eine Entscheidungsbildung so lange zu verschleppen, bis sich die Wogen glätteten.

Dies war eine durchaus gängige Taktik: Das Treffen der eidgenössischen Standesvertreter, die Zürich einberief und leitete, war in aussenpolitischen Fragen nur dann handlungsfähig, wenn die Beschlüsse einstimmig gefasst wurden. Angesichts der widerstreitenden Interessen zwischen Katholiken und Protestanten, Landorten und Stadtorten, Freunden Frankreichs und den Anhängern Spaniens war dies kaum zu erreichen. Lähmung war daher der Normalzustand dieser Republik.

Im vorliegenden Fall lagen die Dinge indes anders. Das Problem war schlicht zu gross, um ignoriert zu werden. Frankreich stand, wie Berechnungen ergaben, mit insgesamt rund 6 Millionen Livres bei den Eidgenossen in der Schuld: eine gigantische Summe. Die Gefahr, dass die Schweizer auf ihren Forderungen sitzen blieben, war gross. Als unter undurchsichtigen Bedingungen ein Teil der Schweizer Truppen demobilisiert und ohne Sold, ohne Pferde und ohne Waffen in die Heimat geschickt wurde, war dieses Szenario zum Greifen nahe.

Den zögernden Zürchern blieb nun keine andere Wahl, als dem Drängen vor allem der katholischen Orte nachzugeben und zumindest symbolisch einen Beschluss gegen die französischen Interessen herbeizuführen. Es galt, die „Ehre der Nation" – gemeint war ihre Bonität und ihre Fähigkeit, finanzielle Forderungen einzutreiben – durch eine Demonstration der Handlungsfähigkeit wiederherzustellen. Die Tagsatzung ernannte eine Gesandtschaft, die in Paris den eidgenössischen Standpunkt verdeutlichen sollte. Wie genau das zu geschehen hatte, war indes unklar. Die vier Reisenden, auf die man sich einigte, waren um ihren Auftrag nicht zu beneiden. Diejenigen, die sie vertraten, änderten fast stündlich ihre Meinung und in Frankreich selbst wartete eine ebenso zornige wie bankrotte eidgenössische Solddienstarmee auf sie. Zudem versuchten zahlreiche Interessengruppen, ihre Mission zu durchkreuzen oder zu beeinflussen. Mit Aussenpolitik im modernen Sinne hatte dies alles wenig zu tun. Die Gesandtschaft nach Paris glich einer „Mission Impossible".

Und doch geschah das Unwahrscheinliche. Unter dem massiven Druck eines möglichen wirtschaftlichen Kollapses gelang es den Vertretern der Eidgenossenschaft, eigene Stärke zu demonstrieren. Statt, wie von Mazarin erwartet, sich mit Versprechungen abspeisen zu lassen, organisierten die Schweizer den Abzug ihrer Truppen. Selbst die Garde des Königs machte sich zum Abmarsch bereit. Die französische Seite zeigte sich überrascht und lenkte ein. Ein detaillierter Plan zur Schuldentilgung wurde ausgearbeitet, erste Zahlungen erfolgten und Pfänder wurden in eidgenössische Hände übergeben.

Auch diese Abmachung enthielt zahllose Unwägbarkeiten. Trotzdem stellte sie die Schweizer Bonität wieder her. Man hatte den Finanzmärkten gezeigt, dass die Schweiz den Willen und die Fähigkeit besass, ihren Teil aus der französischen Konkursmasse herauszulösen. Zeit – das wohl wichtigste politische Gut – war erkauft und politische Reputation zurückgewonnen worden. Die Eidgenossenschaft hatte zum ersten Mal bewiesen, dass sie ohne und notfalls sogar gegen Frankreich in der Lage war, auf der europäischen Bühne als Staat aufzutreten.

Der Bruch

Waren dergleichen kurzfristige Demonstrationen der Entschlossenheit hinreichend, um die Unabhängigkeit der Eidgenossenschaft zu bewahren? Das Beispiel der unabhängigen italienischen Stadtrepubliken Genua und Florenz, die zu Spielbällen Spaniens und Frankreichs geworden waren, liess daran zweifeln. Um Ähnliches zu verhindern, mussten sich vor allem die Protestanten aus der Vormundschaft einer einzelnen Grossmacht befreien. Die Zeiten, in denen der französische Botschafter bei inneren Konflikten zwischen den Eidgenossen vermittelte und diplomatische Briefe für den Zürcher Rat vorformulierte, mussten – wie eine kleine Schar von „Politici" forderte – ein Ende haben.

Die Abnabelung von der französischen Krone geschah mit äusserster Vorsicht. Oft zeigten sich die Zürcher Ratsherren mehr als Getriebene denn als Gestalter. So im Jahre 1652, als der schon erwähnte Kleinodienstreit seinen Anfang nahm.

Thomas Werdmüller hatte die königlichen Kleinodien an sich gebracht und nach Zürich transportiert, um seinen Anteil an den Soldzahlungen der Krone zu sichern. Der französische Botschafter zeigte sich nicht amüsiert. Ein solcher Schritt war in den Augen der Krone eine offene Provokation. Zürich drückte sein Bedauern aus, erklärte aber gleichzeitig, dass der Rat mit der Angelegenheit nichts zu tun habe. Äusserst geschickt wurde die eigene Schwäche instrumentalisiert, um gefahrlos den französischen König zu brüskieren. Die Entführung der Kronjuwelen zog heftige Diskussionen innerhalb der Eidgenossenschaft, aber auch zwischen der Schweiz und der französischen Krone nach sich.

Erneuerung der Allianz zwischen Frankreich und der Eidgenossenschaft im Jahr 1663. Zu Debatten gab die Tatsache Anlass, dass Ludwig XIV. während des Schwurs seinen Hut aufbehalten hatte, während die eidgenössischen Standesvertreter ihn barhäuptig leisteten. – Gemälde, um 1665. SNM – Landesmuseum Zürich.

Diejenigen, die starke wirtschaftliche Interessen in Frankreich hatten, drangen auf eine Auslieferung des Geschmeides und eine Erneuerung des Bündnisses mit der Krone. Die Geistlichkeit ebenso wie Teile des Rates nutzten die Verhandlungen demgegenüber, um Zweifel an der Vertrauenswürdigkeit Frankreichs zu säen.

Noch wusste die französische Diplomatie indes ihre Gegner durch den geschickten Einsatz von finanziellen Mitteln auszumanövrieren. Der Botschafter seiner Allerchristlichen Majestät mobilisierte seine Netzwerke und erhielt die gewünschten Ergebnisse. 1658 wurden die Kronjuwelen ausgeliefert und im selben Jahr schloss Zürich gemeinsam mit den übrigen protestantischen Orten einen neuen Bund mit dem König, der 1663 in einem gesamteidgenössischen Bündnis aufging.

Frankreichs Gegner hatten indes einen langen Atem. Man wies auf die Gefahren der Allianz hin, beschuldigte die Anhänger Frankreichs des Verrats und wartete auf eine günstige Gelegenheit. Demütigende Machtdemonstrationen des Königs beim Vertragsabschluss von 1663 in Paris, Schwierigkeiten im Handel mit Frankreich, Zahlungsverzüge und vor allem die wachsenden Schwierigkeiten der Reformierten in Frankreich lieferten ihnen schliesslich genügend Argumente. Spätestens als Ludwig XIV. 1685 die Hugenotten aus seinem Königreich auswies und sich eine Flut von Flüchtlingen über Zürich ergoss, wurde es immer schwieriger, ein Freund Frankreichs zu sein. Die in ganz Europa verbreiteten antifranzösischen Flugschriften, Zeitungen und Stiche fanden nun auch in Zürich reissenden Absatz. Die Idee, in Versailles residiere der Antichrist und beherrsche die verdorbendste Nation der Christenheit, setzte sich auch an der Limmat durch. Wie in anderen Teilen Europas war dabei eine deutliche Entkonfessionalisierung solcher Feindbilder zu beobachten. Frankreich war nicht deshalb dem Bösen zuzurechnen, weil es katholisch war, sondern weil es von Natur aus der Sünde zuneigte.

Der vorläufige Höhepunkt dieser Entwicklung war 1688 erreicht. Zu Beginn des Pfälzischen Erbfolgekrieges stellte der französische Botschafter fest, dass in Zürich seine Bestechungsgelder nur noch angenommen wurden, wenn er gewährleisten konnte, dass der Geldfluss streng geheim blieb.

Die Geburt der Republik?

In der Stadt der Autoren, Prediger und Propagandisten formierte sich eine machtvolle Allianz, die für eine verstärkte

Grenzziehung der Eidgenossenschaft gegenüber den europäischen Nachbarn warb und dabei auf eine neue Symbolsprache der republikanischen Tugendnation setzte.

War Zürich auf dem Wege zur Staatsbildung oder gar zur Ausbildung dessen, was man in der älteren Forschung den sogenannten Ratsabsolutismus nannte? Dagegen spricht einiges. Auch am Ende des 17. Jahrhunderts war der Rat weiter gezwungen, Aussenpolitik ohne professionelle Diplomaten, Innenpolitik mit einer äusserst dünnen Verwaltungsstruktur und Finanzpolitik mit geringen Einnahmen zu betreiben. Zudem war der Einfluss Frankreichs nur eines von vielen Problemen, mit denen die Senatoren zu kämpfen hatten. Ein anderes lag in den Mitspracherechten der Landgemeinden, der Zünfte und vor allem der Geistlichkeit. Sie alle setzten den Rat auch in aussenpolitischen Fragen immer wieder unter Druck. So hatte die Obrigkeit dem kurzen, aber gefährlichen Krieg gegen die katholischen Orte im Jahre 1656 vor allem auf Betreiben der Pastoren zugestimmt. Er endete für Zürich mit einer peinlichen Niederlage und konnte nur mit Mühe auf die Eidgenossenschaft beschränkt werden.

Eine berechenbare Aussenpolitik war unter diesen Rahmenbedingungen kaum möglich. Dem Rat blieb gar nichts anderes übrig, als sich aus der Umarmung der Pastoren zu lösen. Wie dies gelang, lässt sich am Beispiel der plötzlichen Flut von Sodomitenprozessen, die Ende des 17. Jahrhunderts über Zürich hereinbrach, trefflich demonstrieren.

Sodom an der Limmat

Im Frühling letzten Jahres seien sie zu ihm gekommen: Heinrich Erin und der Stallknecht des Spitals. Damals, so berichtet der Goldschmied Rudolf Hofmeister den Ermittlern, habe er noch Wein ausgeschenkt und die beiden neuen Gäste hatten an einer langen Tafel Platz genommen. Zusammen mit einigen Textilhandwerkern tranken sie, während er, der Gastwirt, im Obergeschoss das Abendessen einnahm. Plötzlich sei Unruhe entstanden und man habe ihm mitgeteilt, dass sich etwas Unerhörtes zugetragen habe. Erin solle einen der Handwerker

Der massive Wellenbergturm, in dem unter anderem Hans Waldmann gefangen gehalten wurde. – Stahlstich von William Henry Bartlett, um 1834.

sexuell belästigt haben. Hofmeister kam, um die Angelegenheit zu beurteilen. Der Gescholtene befand sich im Vollrausch und so habe er die Angelegenheit zunächst auf sich beruhen lassen. Als Erin jedoch am nächsten Tag die Gaststube abermals betrat, sei es Hofmeister ein Bedürfnis gewesen, dem Vorfall mit aller gebotenen Vorsicht nachzugehen. Erin sei in das obere Stockwerk gebeten und dort eindringlich befragt worden. Zögerlich zunächst und dann immer detaillierter habe er von seinen Beziehungen mit Männern berichtet.

Der Vorfall, der im November 1682 zur Anzeige gelangte, zog rasch weite Kreise. Ein Ratsausschuss von Ermittlern – die „Nachgänger" – nahm Erin fest und liess ihn im Wellenbergturm festsetzen. Der befand sich mitten auf der Limmat, war nur mit Booten zu erreichen und fungierte als eine Art Hochsicherheitsgefängnis der Stadt. Wer hier in Haft sass, befand sich in ernsthaften Schwierigkeiten. Für Erin traf dies zweifellos zu, denn auf den sexuellen Verkehr mit Männern stand – nicht nur in Zürich, sondern im ganzen nordalpinen Raum – die Todesstrafe. Die Ermittler liessen an der Schwere des Verbrechens keinen Zweifel aufkommen. Der Beklagte wurde intensiven Verhören unterworfen, zunächst ohne und schliesslich unter der Folter. Es ging den Nachgängern darum, ein Geständnis zu erhalten, ohne das eine Verurteilung nicht möglich war. Zudem sollten Mittäter ausfindig gemacht werden. Man zeigte sich überzeugt, dass Erin zunächst einem Verführer zum Opfer gefallen war, bevor er selbst andere in den Strudel der Sünde gerissen habe. Es galt, gleichsam den Ansteckungsherd der sogenannten „stummen Sünde" – der „Sodomie" – zu entlarven und Zürich von ihr zu reinigen. Der Gemarterte, der nach Auskunft der Akten in heftige Depressionen verfiel, hielt den Torturen der Streckbank nicht lange stand. Detailliert wusste er von seinen gleichgeschlechtlichen sexuellen Handlungen zu berichten und benannte jene, mit denen er sie vollzogen hatte.

Zum Jahreswechsel 1682/83 wurden die Urteile gefällt und kurz darauf vollstreckt. Erin und sechs weitere verurteilte Sodomiten wurden zur Hinrichtungsstätte Zürich (auf der heutigen Pestalozziwiese) geführt und enthauptet.

Prozesse gegen Personen, denen gleichgeschlechtliche Sexualkontakte oder der Verkehr mit Tieren (die sogenannte Bestialität) zur Last gelegt wurden, tauchen in den Strafprozessakten des 16. und des beginnenden 17. Jahrhunderts immer wieder auf. Die einzelnen Fälle blieben zeitlich und räumlich allerdings isoliert. Zwischen 1568 und 1668 waren es kaum mehr als insgesamt 30 im gesamten Zürcher Herrschaftsgebiet. In den nachfolgenden 50 Jahren waren es mehr als 145 Fälle. Die Häufigkeit der Strafverfolgung hatte sich also fast verzehnfacht. Der Eindruck, den dieses rigorose Vorgehen hinterliess, war auch deshalb tief, weil die Verfahren sich nicht gleichmässig über die einzelnen Jahre verteilten. Sie traten vielmehr räumlich und zeitlich gehäuft auf.

Verwaltete Seelen?

Die rigorose Missbilligung, die sie erfuhr, teilte die Sodomie mit ähnlich gelagerten Delikten wie der Blasphemie oder der Hexerei. Sie alle wurden als schwere Vergehen gegen die göttliche Ordnung verstanden: als unverzeihliche Flecken auf dem reinen Kleide der jungfräulichen Kirche Zürichs.

Heimlich komme die Sünde in die Stadt, so verkündeten die Geistlichen unheilschwanger. Zunächst ziele der Satan auf das schwächste Glied der Gemeinde Christi – auf die Frau. Er locke sie mit schönen Kleidern und kostbarem Geschmeide. Habe er erst die Frauen in den Abgrund der Eitelkeit gestürzt, wende er sich den Kaufleuten zu, deren Habgier er zu wecken verstehe. Jegliche Sünde war ansteckend und die Gemeinde hatte wachsam zu sein, um sie zu bändigen. Umso gefährlicher waren jene Delikte wie Sodomie oder Hexerei, die im Verborgenen vollzogen wurden. Scheinbar unbescholtene Bürger verseuchten, so lautete die Warnung der Prediger, die Stadt unter dem Deckmantel der Ehrbarkeit.

Bekämpft wurden sie mit Hilfe des Ehe- und Sittengerichtes, durch Visitationen, Mandate und Busstage. Doch das Netz der konfessionellen Kontrolle war alles andere als engmaschig. Selbst die Täufer, die seit 1527 massiven Verfolgungen ausgesetzt waren, konnten im Zürcher Umland immer wieder Fuss fassen. Erst Mitte des 17. Jahrhunderts wurden sie schliesslich weitgehend aus dem Herrschaftsbereich des Rates entfernt. Was einzelne Verstösse wider den Sündenkatalog der Pastoren anging, so zeigte sich ein ähnliches Bild. Die Prozesse gegen Sodomiten offenbarten, dass diese über Jahre unbehelligt geblieben waren. Diejenigen, die entsprechende Neigungen verspürten, gingen diesen gelegentlich und mit wechselnden Partnern nach. Das Umfeld sah zwar nicht weg, im Gegenteil, man beobachtete die entsprechenden Personen genau, doch verzichtete man auf eine Anzeige.

Dies änderte sich im besagten Zeitraum zwischen 1668 und 1718. Es war eine Zeit, in der vor allem die ärmeren Bevölkerungsschichten in und ausserhalb der Stadt von Krisenerscheinungen hart getroffen wurden. Die Schwierigkeiten im Textilhandwerk, die Stagnation des Handels, die Pestwelle von 1667, vor allem aber die schlechter werdenden Ernten der 1680er- und 90er-Jahre, die im Hungerjahr von 1692 gipfelten, erschütterten die Dorfgemeinschaften. Eine verunsicherte Gesellschaft begann den Blick auf das Verhalten jener zu richten, die ohnehin als Gefährdungsherde galten – so etwa auf Tagelöhner und entlassene Soldaten, aus deren Umfeld die Mehrheit der beklagten Sodomiten stammte.

Der erwähnte Heinrich Erin war Insasse des Spitals, das eine Fürsorgeeinrichtung für betagte Bürger, aber auch ein Auffang-becken für städtische Randgruppen und eine Behandlungsein-richtung für Geisteskranke war. Plätze im Spital waren knapp, der Ton war ruppig und der Verdacht der Obrigkeit, dass hier ein Hort der Sünde bestand, allgegenwärtig.

Eine andere Gruppe, die gefährlich lebte, waren hoch ver-schuldete Teile der dörflichen Ehrbarkeit (vor allem Gastwirte), sowie alte Bauern, die ein schlechtes Verhältnis zu ihren poten-ziellen Erben pflegten. Diejenigen von ihnen, die bislang unbe-helligt ihren gleichgeschlechtlichen Neigungen nachgegangen waren, sahen sich nunmehr mit der Gefahr einer Anzeige kon-frontiert. Viele hielten diesem Druck nicht statt und wählten den Freitod, die Flucht oder die Selbstanzeige.

Nicht jede Anzeige musste indes zwangsläufig zu einer Ver-urteilung führen. Es lag in den Händen des Rates, ob man einer Anzeige wegen Blasphemie, Sodomie oder Hexerei tat-sächlich intensiv nachging. Es gab viele Wege, dergleichen Vorfälle im Sande verlaufen zu lassen. Dass man sie ab 1668 im Falle von Sodomievorfällen nicht mehr beschritt, war ein deut-liches Signal. Die Obrigkeit lud zu Denunziationen ein. Man öffnete ein Ventil für die krisengeschüttelte Landbevölkerung, die mit Unbehagen auf eine wachsende Zahl von sozialen Randgruppen reagierte.

Die Entmachtung der Geistlichkeit

Es stellte sich die Frage, warum man sich ausgerechnet dem Tatbestand der Sodomie und nicht etwa dem der Hexerei zuwandte. Auch in Zürich waren im 16. und frühen 17. Jahr-hundert Männer und Frauen als Handlanger des Teufels ver-urteilt und hingerichtet worden. Ab den 1660er-Jahren ver-ebbten die Verfolgungen jedoch langsam. Man zeigte sich zunehmend kritisch gegenüber Anzeigen. Dies hatte einleuch-tende Gründe, zu denen vor allem die Unberechenbarkeit eines Hexenprozesses zählte. Hexen waren angeblich in der Lage, zu fliegen – jedermann konnte also in den Verdacht geraten, dem Teufel zu dienen. Es bedurfte am Ende des 17. Jahrhunderts massiver lokaler Spannungen und einer ausgeprägten dörflichen Verfolgungsbereitschaft, wie sie im Untertanengebiet Zürich 1701 im Dorf Wasterkingen noch einmal zu beobachten war, um Prozesse auszulösen, die mit Todesurteilen endeten. Nachbarschaftskonflikte, wirtschaftliche Streitigkeiten und vereinzelte (scheinbar unerklärliche) Schadensfälle hatten in dem 30 km von Zürich entfernten Dorf zu einer Kollektivanzeige geführt. Der Landvogt und die Geistlichkeit hatten sich angesichts der Drohung der Dorfgemeinschaft, notfalls nach Amerika auszuwandern, der Angelegenheit angenommen, wobei Antistes Klingler die Gelegenheit wahrzunehmen versuchte, sich als Bollwerk wider die Sünde zu profilieren. Der Prozess endet mit Todesurteilen gegen sieben Frauen und einen Mann. Weitere Anzeigen gingen ein und nur mühsam konnte die Obrigkeit eine unkontrollierbare Prozesswelle verhindern.

Ermittlungen gegen Sodomiten waren im Vergleich dazu weit weniger riskant. Diese Sünde war – nach der Vorstellung der Theologen – nur durch unmittelbaren Kontakt „übertragbar". Ein direkter Einfluss des Teufels wurde von Beklagten nur selten und selbst in diesen Fällen eher beiläufig behauptet. Anders als Hexerei war Sodomie also ein säkularisierbares Vergehen – es liess sich rein innerweltlich als eine sittliche Krankheit begreifen.

Für ihre Bekämpfung zeichnete gleichwohl die Geistlichkeit verantwortlich. Es wurde, wie auch die Schreiben des Rates deutlich machten, erwartet, dass Lehrer und Dorfpfarrer ein Auge auf ihre Schutzbefohlenen hatten. Es war an ihnen, die Zeichen zu erkennen, die unweigerlich auf einen unsittlichen Lebenswandel hindeuteten. Eine Flut von Anzeigen gegen Sodomiten konnte als ein Zeichen für ihr Versagen gedeutet werden. Die Pastoren gerieten damit in die Defensive. Statt als Kläger, traten sie in den Sodomieprozessen zumeist als Gutachter und Seelsorger, oft sogar als Fürsprecher der Beklagten auf. Stets war der Tenor ihrer Äusserungen derselbe: Nichts habe bislang darauf hingedeutet, dass der Beklagte kein wahrer Biedermann sei.

Die Prozesse schwächten, wie diese Reaktion zeigt, die Geistlichkeit. Der Rat dagegen gerierte sich nunmehr als der eigentliche Hüter der Reinheit des Gemeinwesens. Wo die Pfarrer versagt hatten, triumphierten die weltlichen Sittenwächter. Die nutzten die Prozesswelle, um ihr Verhältnis zu den Landgemeinden zu verbessern. Indem man Untertanen und Bürgern Verursacher des vermeintlichen Sittenverfalls und der Krisen präsentierte, festigten die Räte das Vertrauen der Regierten in ihre Entscheidungskompetenzen. Wie stark dieses neue Band war, zeigte sich, als man ab 1718 unvermittelt nur noch Klagen annahm, die einen pädophilen Hintergrund hatten. Die weltlichen Sittenreiniger hatten die Deutungsmacht über die Sünde gewonnen.

Die Ära Zürichs als neues Jerusalem an der Limmat neigte sich, wie diese Entwicklung zeigte, dem Ende zu. Und doch verabschiedeten sich ihre Eliten nicht vom Gedanken, die Stadt erfülle eine geradezu globale Sendung. Auch das neue Zürich wurde als Ort der Tugend und der Reinheit gepriesen, diese wurde allerdings nicht mehr vorwiegend religiös, sondern auch innerweltlich-republikanisch verstanden. Es war eine wichtige Akzentverschiebung, die im Verlaufe des 17. Jahrhunderts in der Stadt nicht nur spürbar, sondern auch sichtbar wurde.

Die Republik und ihre Monumente

Die Festung

„Also! Also! Wollend wir dann im Namen Gottes der den Himmel und die Erden erschaffen hat: der da bisher unser Jerusalem gebaut, […] diesem grossen Werk der neüwen Feste der Statt Zürich den anfang machen"

Die Bauarbeiten an dem grossen Befestigungswerk begannen 1642 mit einem religiösen Festakt. Antistes Breitinger, das Haupt der Zürcher Kirche, stellte den Bürgern in seiner Predigt die religiöse Dimension des Vorhabens vor Augen. Er hatte seit

Jahren für die Umsetzung der Pläne gestritten. Der Theologe stand in engem Verkehr mit Diplomaten und Militärs. Eindringlich hatte man ihm die Gefahr geschildert, in der Zürich schwebte. In dem krisengeschüttelten Europa des 17. Jahrhunderts galt es – so beschwor man ihn – ein Zeichen der Wehrhaftigkeit zu setzen. Andernfalls drohe die Eroberung durch katholische Feinde oder lutherische Freunde. Solle die Stadt ein Rückzugsraum der wahren Lehre und ein Asyl verfolgter Christen bleiben, so müsse man handeln.

Breitinger zeigte sich einsichtig. Die Jungfer Zürich, so erklärte er, brauche einen Panzer. Die Mauern ihrer Tugend müssten befestigt werden. Die Bürger und Untertanen, die sich dieses Werkes annahmen, die mit Spaten und Winden die Wallanlagen schufen, taten in seinen Augen ein Gott gefälliges Werk. Ihr Arbeitstag sollte daher von Gebeten begleitet werden. Der Geistliche sah in der stolzen Zürcher Befestigungsanlage ein Symbol der religiösen Wehrhaftigkeit der Stadt.

Die Bauarbeiten, die bis 1678 mit zahlreichen Unterbrechungen fortgeführt und schliesslich beendet wurden, sollten die Stadt in der Tat erheblich verändern. Die Signalwirkung, die von den Schanzen ausging, war indes keine geistliche, sondern eine weltliche, eine politische.

Wer sich Zürich von jetzt an näherte, traf auf eine geometrisch geordnete Anlage – ein Meisterwerk des Festungsbaus, das sich an niederländischen, italienischen und französischen Vorbildern orientierte. Eine überlegene Ingenieurskunst hatte die Tücken der Natur überwunden. Gewässer wurden reguliert, Unebenheiten planiert, Gräben gezogen, Wälle aufgerichtet. Die Stadt an der Limmat zeigte sich als ein Technologiezentrum, an dessen Spitze eine starke Obrigkeit stand.

Tatsächlich stellte der Bau den Rat vor erhebliche logistische und finanzielle Probleme. Nur wenige wohlhabende europäische Städte besassen eine ähnliche Festungsanlage. Hamburg und Bremen gehörten dazu, Köln und Augsburg aber nicht. Grundstücke mussten gekauft, Häuser abgerissen, Arbeitskräfte organisiert, Baumaterial herbeigeschafft werden. Ermöglicht wurde das Vorhaben u. a. durch zusätzliche Steuern und durch Frondienste, wobei der Unterhalt der Festung mittelfristig fast ebenso kostspielig war wie der Bau selbst. Tatsächlich war der Bau der Bastionen nur ein Teil eines gross angelegten Erneuerungs- und Investitionsprojektes. Stadt und Umland wurden kartographiert, die städtische (den Zürichsee sichernde) Flotte erweitert, die Artillerie modernisiert und eine Heeresreform durchgeführt. Alles in allem vollführte Zürich hier eine fiskalische und politische Kraftanstrengung, die in der Eidgenossenschaft ihresgleichen suchte.

Die Vorstädte

Allein die Planung hatte Jahre gedauert. Schliesslich wurde nicht nur über technische und militärische, sondern auch über städteplanerische Fragen entschieden. Was immer vom Mauerring umschlossen war, gehörte zur Stadt. Nach langen Debatten entschloss sich der Rat zu einem Bau, der das Stadtgebiet nahezu verdoppelte.

Das Areal, das nunmehr Teil Zürichs wurde, war vergleichsweise dünn besiedelt. Es bot den mächtigen Familien der Stadt damit Raum zur Selbstdarstellung. Auf der Zürichberghalde entstanden, inmitten von Weinstöcken, die wohl prächtigsten Landsitze der Stadt. Das sogenannte Stockargut (in dem sich heute das Rektorat der Universität befindet) war 1638 als bescheidenes Gutshaus erbaut und 1691 vom Handelsherrn Joseph Orelli-Meyer von Knonau erworben worden. Dieser gab noch im selben Jahr den Totalumbau des Anwesens zu einem doppelgiebligen Herrenhaus in Auftrag. Hoch über der Stadt thronend, sollte das Gebäude vom Aufstieg eines Mannes künden, der mit der Taffetweberei zu Wohlstand gelangt war. Obwohl der Glanz Orellis, der sein Glück wenig später in preussischen Diensten suchte, verblasste, blieb jener des Hauses erhalten. Es wurde von seinen Besitzern modernisiert und laufend neu gestaltet.

Während das Innere des Stockargutes heute vornehmlich durch Stuckaturen und Gemälde des 18. Jahrhunderts geprägt ist, sind grosse Teile der ursprünglichen Ausstattung im Vorderen Grossen Pelikan erhalten. Das Haus, das sich in einer der neu erschlossenen Vorstädte auf der linken Limmatseite befindet, blieb in Familienbesitz.

Herkulesdarstellung Samuel Höschelers in der Stuckdecke
des Hauses zum Grossen Pelikan aus dem Jahr 1685.

Das Haus zum grossen Pelikan (Pelikanplatz 25)

Seine von Samuel Höscheler (1630–1713/15) geschaffenen Stuck-
decken im Obergeschoss stammen aus dem Jahr 1685 und künden
noch heute vom Ruhme des Seidenkaufmanns Jakob Christoph
Ziegler. Auf drei Feldern wird ein Gesamtbild der guten Herrschaft
entworfen. In der Mitte sieht der Betrachter eine Sammlung von
Waffen. Die wehrhafte Republik tritt damit ins Blickfeld. Allerdings
darf sich diese ihrer selbst nicht zu sehr gewiss sein. Von oben
deutet die Hand Gottes an, dass er allein es ist, der die Waffen
lenkt. Der darüber prangende Schriftzug „Was helfen sie, wenn
diese nicht dabei ist" unterstreicht diese Bildaussage noch.

Ähnlich lautet die Botschaft eines zweiten Stuckreliefs, auf dem Gottes Hand ein Füllhorn trägt und es der Silhouette einer Stadt entgegenreckt. Auch hier mahnt ein Schriftzug – „Du schützest all das Deinige" – zu Demut und Frömmigkeit. Ohne den Segen und die Protektion des Herrn ist alles Streben des Menschen umsonst. Wie Gottes Gegenwart sich manifestiert, führt dem Betrachter das dritte Bildfeld vor Augen. Sie zeigt Herkules. „Mit Hilfe Jupiters", so erläutert der Text, folge dieser seinem heldenhaften Weg. Gott wirkt also durch seine erwählten Vertreter, durch wehrhafte und kluge Regenten, die der Sünde Einhalt gebieten und die wilde Natur in einen Garten Eden verwandeln.

Der Besitzer des Hauses lässt hier nicht nur die Frömmigkeit seiner Familie in Szene setzen, sondern nutzt auch die Möglichkeit, sie als vom Herrn erwählte zu verherrlichen. Von einem demütigen Dienst unter der Aufsicht der Geistlichkeit konnte hier kaum die Rede sein.

Der kriegerische Grundton der Darstellung offenbarte allerdings ein Problem des Auftraggebers. Dieser besass keinerlei Erfahrung im Felde und war daher bemüht, Füllhorn und Schwert als gleichberechtigte Säulen der Republik abbilden zu lassen. Noch immer spielte also der Militärdienst eine wichtige Rolle für die Reputation einer Familie. Wer hier Erfolge aufzuweisen hatte, wurde nicht müde, sie zu unterstreichen, denn nur der Krieger hatte wahrhaft seinen Adel unter Beweis gestellt. Nur er agierte auf Augenhöhe mit den Noblen Europas.

Die Herrenhäuser in den neuen Vorstädten glichen Visitenkarten der grossen Familien, die ihre Stärken zur Schau stellen und Schwächen kaschieren wollten. Militärs und Industrielle, Aufsteiger und Etablierte waren darunter zu finden. Sie alle rangen um Profil und um Vorrang. Und doch waren sie auch daran interessiert, ihre gemeinsame Bedeutung als Führungselite der Stadt zu betonen – schliesslich waren sie es, die Zürich ein neues Gesicht verliehen hatten.

Das Rathaus

Am 30. November 1693 beschloss der Kleine Rat der Stadt Zürich, „um gemeiner Stadt Ehre willen" ein neues Rathaus bauen zu lassen. Der Grosse Rat schloss sich dieser kostspieligen Entscheidung wenige Tage später an. Das alte Gebäude aus dem Jahre 1397 musste weichen. An seine Stelle trat ein neuer repräsentativer Bau, der die Wehrhaftigkeit der Republik und die Tugendhaftigkeit ihrer Obrigkeit zu verherrlichen hatte.

Noch war der Staat, der sich hier kraftstrotzend in Szene setzte, ein schwaches Gebilde, das nur in Ausnahmesituationen kurzzeitig zu entschlossenem Handeln fähig war. Im Falle des Rathausneubaus hatten wirtschaftliche und politische Beweggründe eine Koalition der Willigen zusammengeführt. Man förderte die darbende Wirtschaft, erhöhte die Reputation der Stadt und gab den auseinanderstrebenden Teilen der Elite einen gemeinsamen Bezugspunkt.

Am Vorgängerbau hatten die Wappen der alten Eidgenossen gemeinsam mit dem Reichsadler geprangt. Damit war nun Schluss. Der Reichsadler hatte ausgedient und verschwand. Der Vorort der Eidgenossenschaft liess keinen Zweifel daran, dass man seine Freiheit nur dem eigenen Patriotismus zu verdanken hatte. Vor allem an der Aussenfront vermittelte das Gebäude einen überraschend martialischen Eindruck. Das von dorischer

Zürcher Rathaus und Limmatquai. – Radierung von David Herrliberger, ca. 1740.

Strenge geprägte Erdgeschoss schmückten die Bauherren nicht etwa mit den Wappen der Eidgenossen, sondern mit Helden. Büsten römischer, griechischer und eidgenössischer Republikaner waren hier zu bewundern, die ihr Leben dem Wohl des Vaterlandes geopfert hatten.

In der Stadt an der Limmat war die alte römische Tugend wiederauferstanden und ihre Bürger durften daher auch deren Früchte geniessen, die im ersten Stock des Gebäudes abgebildet waren. Ionische Lieblichkeit prägte hier das Bild – Füllhörner mit allerlei Gaben der Natur kündeten vom Reichtum der gut gerüsteten Stadt. Deren Unmittelbarkeit vor Gott – ihre Freiheit von jeglicher äusserer Herrschaft – wurde durch die majestätischen korinthischen Kapitelle im Dachgeschoss unterstrichen.

Baulich wiederholte und verdeutlichte dieses Bildprogramm die Botschaft des Schanzenwerkes, das ebenfalls für Ordnung und Wehrhaftigkeit stand. Politisch war hier ein Bekenntnis zur Souveränität und zu einer wehrhaften Neutralität zu bewundern, das die Eidgenossenschaft erstmals 1674 auf einer Tagsatzung verbindlich festgelegt hatte. Unabhängig von Frankreich und konfessionell indifferent präsentierten sich die Zürcher Räte hier als tugendhafte Republikaner und eidgenössische Versöhner. Man zeigte den Willen zur Führung, ja, zur innerweltlichen Sinngebung für alle Eidgenossen.

Dies wurde auch im Inneren des neuen Rathauses verdeutlicht, das wiederum auf bildliche Bekenntnisse zur Reformation weitgehend verzichtete. Das neue Jerusalem, von dem seit Zwingli alle Vorsteher der Zürcher Kirche geschwärmt hatten, zeigte sich zwar unbefleckt von allen Lastern, ansonsten aber liess die barbusige Dame mit Liktorenbündel und Granatapfel den sittlichen Ernst eher vermissen. Die Personifikation Zürichs, die hier schwebte, zeigte keinerlei Angst vor dem Laster. Sie war alles andere als ein gefährdetes Weib, das sich der Angriffe des Feindes zu erwehren hatte. Nein, sie war sich ihrer Göttlichkeit und Unberührbarkeit wohl bewusst. Diese stolze Dame stand für die Ewigkeit der Republik, aber auch für eine weise Obrigkeit, die sie seit jeher leitete. Ihr Erscheinen kündete von einer neuen Zeit, in der die Bürger der Stadt sich einem neuen Ideal zuwandten: der von der Natur gesegneten Republik.

Die unruhige Stadt – zwischen Aufklärung und Revolution

Der Weckruf der Natur

„Die Erlernung der Wissenschaften, und insonderheit derjenigen, welche zu der Natur Historie gehören, haben diese angenehme Beschaffenheit, dass die Begierde zu denselben immer grösser wird, je weiter man darin kommt."

Johann Jakob Scheuchzer (1672–1733)

Der Autor dieser Zeilen – der Zürcher Stadtarzt Johann Jakob Scheuchzer – zählte zu den renommiertesten Naturforschern seiner Zeit. Er gehörte der Leopoldina, der Royal Society, der Preussischen Akademie und der Accademia degli Inquieti in Bologna an. Die Liste seiner Briefpartner umfasste so illustre Namen wie Newton, Fontenelle und Leibnitz. So bekannt wie der Mann, so bekannt wurde auch das Objekt seiner Studien, das er nach eigenem Bekenntnis nie müde wurde zu erforschen: die Eidgenossenschaft. Scheuchzer wurde zum ersten internationalen Wissenschaftsstar Zürichs, zu einem Gelehrten, der einer Wertschätzung der weltlichen Gelehrsamkeit Bahn brach und früh die politische Dimension wissenschaftlicher Untersuchungen erkannte. Mit ihm begann die Zürcher Aufklärung.

Am Anfang stand die Reise. Scheuchzer war unermüdlich durch die Schweiz gewandert. Er hatte Berge kartographiert, die Pflanzen- und Tierwelt beschrieben, geologische Formationen untersucht und volkskundliche Beobachtungen gemacht. Die Ergebnisse dieser akribischen Arbeiten präsentierte er seinen Mitbürgern ab 1706 in Form einer Zeitschrift, die den Wert der Heimat pries. Während andere Reisen nach Frankreich, in die Niederlande oder nach England unternahmen, kündeten seine Publikationen von den Wundern vor der Haustür. Mochten andere hoffen, dass der französische Hof ihre „Sitten poliert" (so das geflügelte Wort) – Scheuchzer suchte nach dem Tugendbrunnen in den Schweizer Bergen.

Die Friedensbotschaft

Wie kaum ein anderer vor ihm richtete er den Blick publikumswirksam auf die Innerschweiz, die für ihn nicht mehr der Ort katholischer Irrlehren, sondern eines harmonischen Lebens in der Natur war. Wie der Enzian oder der Adler, so gehörte auch der Senner zu einer Gebirgswelt, die zu den imposantesten Naturerscheinungen des Erdballs zählte. Diese Landschaft, so Scheuchzer, hatte einen edlen Menschenschlag hervorgebracht, der durch Milch und Hochgebirgsluft geprägt wurde.

Bei so viel Begeisterung für die Alpenwelt mochte sich der geneigte Leser die Frage stellen, ob die Stadt als Lebensraum für Scheuchzer noch von nennenswerter Bedeutung war. Tatsächlich war der ein Zürcher Patriot. Ihm ging es nicht um die Verdammung des Häusermeeres an der Limmat, sondern um die Betonung der wechselseitigen Abhängigkeit zwischen Stadt und Land, zwischen der schroffen Bergwelt und den lieblichen Hügeln der Voralpen. So wie die Almen die Milch, so brachte der Zürichsee den Wein hervor, wie die Berge den Betrachter als Bauwerke Gottes zum Staunen brachten, so berührte die Stadt ihre Besucher durch Bibliotheken. Berg und Tal, Innerschweiz und Stadtorte waren – durch Gottes gnädigen Plan, wie Scheuchzer meinte – aufeinander angewiesen. Was der eine nicht produzierte, das besass der andere im Übermasse. Nur gemeinsam konnte man überleben.

Der Zufall hatte in Scheuchzers Werken keinen Raum. Die Natur – die schweizerische zumal – kündete ihm selbstverständlich von der Liebe und der Grösse Gottes. Wer den Blick auf die Alpen richte, der könne sein Wirken unmittelbar beobachten, denn sie enthielten zahlreiche Fossilien und damit Überbleibsel der Sintflut. An deren Ende habe der Herr die Berge entstehen lassen, um das Wasser wieder vom Land zu trennen. Sie bildeten keine verwüstete, furchterregende Landschaft, sondern seien Dokumente einer zweiten Schöpfung Gottes, in der der

Johann Jakob Scheuchzer (1672–1733). –
Portrait eines Londoner Stechers nach einem Bild
des Zürchers Melchior Füssli, 1708.

Mensch eine neue Chance erhalten habe. Anders als vor der
Sintflut forderte diese neue Welt ihn zu Veränderungen und
Höchstleistungen auf. Der Mensch entwickle sich, so Scheuch-
zer, in Freiheit und durch den Ansporn der Natur.

Es war eine erfreuliche Botschaft, die Scheuchzer hier verkündete. Sie war optimistisch und wandte sich den katholischen
Landsleuten in Freundschaft zu.

Dass die Natur selbst Zeugnis von der Liebe des Herrn ab-
lege und die Berge zum Schutze des wahren (d. h. des reformierten) Glaubens aufgeschichtet wurden, war keine neue
Idee. Seit den Zeiten Gessners hatten viele Zürcher Naturforscher eine ähnliche Botschaft verkündet. Doch Scheuchzer ging

einen Schritt weiter. Das Wort Gottes wollte er im Lichte der Naturwissenschaften auslegen und auf diesem Wege auch die letzten Zweifler überzeugen. Der Mathematiker und Naturforscher wurde damit zu einem erwählten Instrument des Herrn.

Während die Räte die Einflussmöglichkeiten der Geistlichkeit reduziert hatten, zeigte Scheuchzer damit Wege auf, wie sie sich zumindest partiell ersetzen liessen. Für die politischen Entscheidungsträger barg dieses Modell nicht nur Vorteile.

Der Experte und die Politik

Der Stadtarzt war eines der einflussreichsten Mitglieder des Kollegiums der Wohlgesinnten. Diese Sozietät stand in der Tradition von Vorgängergesellschaften, die seit 1679 in der Stadt bestanden. Meist waren die Teilnehmer relativ jung. Die Treffen blieben vertraulich. Künftige Räte, Pastoren und Kaufleute tauschten sich über wissenschaftliche, theologische und politische Fragen aus. Man lernte sich kennen, grenzte Kompetenzbereiche ab und bildete Meinungen heraus. Wer auf sich hielt und Karriere machen wollte, tat gut daran, hier teilzunehmen.

Das Kollegium bildete indes nicht nur einen Erziehungsraum für die politische Elite, sondern auch ein Forum für die Träger einer kritischen, möglicherweise sogar oppositionellen Öffentlichkeit. Dies zeigte sich 1713, als Scheuchzer als Sprecher einer Bürgerbewegung auftrat, die eine Reform der Verfassung forderte.

Anlass waren die krisenhaften Begleitumstände des sogenannten Zweiten Villmerger Krieges von 1712. Der Rat hatte weder vor noch während dieser kriegerischen Auseinandersetzung mit den katholischen Orten ein strategisches Konzept erkennen lassen. Die Kriegsentscheidung erging ohne Zustimmung des Grossen Rates und selbst die Geistlichkeit war brüskiert worden. Der Sieg, der schliesslich errungen wurde, ging auf das militärische Engagement Berns zurück. Der Ruf nach Reformen hatte in Anbetracht dieser Entwicklung deutlich an Lautstärke gewonnen.

Konkret warf man dem Rat mangelnde Professionalität und Korruption vor und forderte mehr Mitspracherechte für die Bürger. Scheuchzer, der die direkte Herrschaft der bäuerlichen Landsgemeinden in den katholischen Orten gepriesen hatte, verlieh der Unzufriedenheit eine Stimme. Zwar verliefen die Gespräche mit dem Rat schiedlich-friedlich, doch war die Signalwirkung, die von ihnen ausging, schwerlich zu überschätzen. Der Naturforscher sah in der freien Willensbildung der Bürger, in ihrem Vermögen, ihre Regierungen zu kontrollieren, und in der Rechtsbindung der Regierenden die Kernelemente einer funktionierenden Verfassung. Kam es zu Störungen, so bedurften die Regierenden der Beratung. Nicht mehr den Geistlichen solle diese Aufgabe zufallen, sondern den Wissenschaftlern. Ihre Bedeutung wuchs, denn ihr Wissen erschien zunehmend nützlich: politisch, kulturell, aber auch wirtschaftlich.

Zürcher Fabriken

Seit in Zürich Ende des 16. Jahrhunderts die ersten (proto-) industriellen Strukturen entstanden waren, gingen politische und wirtschaftliche Macht Hand in Hand. Nur der Rat konnte den Zugang der Händler zu den wichtigen Absatzmärkten in Frankfurt, Leipzig und vor allem Lyon garantieren. Zudem half er, die komplexen Beziehungen zwischen den städtischen Kapitalgebern auf der einen und den ländlichen Arbeitern auf der anderen Seite zu regeln. Immerhin war es das schier unerschöpfliche Reservoir an Arbeitskräften, das Zürich so attraktiv für die Produktion von Woll-, Baumwoll- und Seidenstoffen machte. Während die Stadt selbst noch um 1700 kaum mehr als 10.000 Einwohner besass, lebten im Zürcher Territorium etwa 110.000 Menschen. Viele von ihnen (grob geschätzt ein Drittel) waren auf einen Zuerwerb neben der Landwirtschaft angewiesen, das war eine gute Voraussetzung für Unternehmer, die mit geringem Eigenkapitalanteil grosse Gewinne zu erzielen versuchten. Dennoch war die Beziehung zwischen Stadt und Land durchaus störungsanfällig. So klagten Handwerker aus der Stadt gern über die billigen Arbeitskräfte vom Land, während die Kaufleute der Stadt wiederholt konkurrierende Unternehmen aus dem Umlande als Bedrohung wahrnahmen. Die Aufgabe, einen Ausgleich zwischen diesen Interessengruppen herzustellen, erwies sich als ausserordentlich schwierig.

Der Schlüssel für den Erfolg eines Unternehmers lag indes nicht nur in seiner Fähigkeit, den regionalen Arbeitsmarkt für seine Zwecke zu nutzen, sondern auch im Wissen um überregionale Marktstrukturen und Produktionstechniken. Beides wurde vor allem durch Einwanderer nach Zürich gebracht.

Begonnen hatte es mit Glaubensflüchtlingen aus Locarno (1555) und Chiavenna (1564). Familien mit wertvollem technischem Wissen und noch wertvolleren Kontakten legten den Grundstein für einen Jahrzehnte dauernden Wirtschaftsaufschwung. Die Muralt, die Pebbia und die Orell (um nur die Wichtigsten zu nennen) gehörten schon bald zu den mächtigsten Geschlechtern der Stadt.

Zürich wurde durch seine Einwanderer reich – auch wenn diese oft mit Misstrauen, ja, mit Feindseligkeit aufgenommen wurden. Dies galt vor allem für die hugenottischen Flüchtlinge, deren Kenntnisse willkommen waren, die man aber als Mitbewerber zu verdrängen wusste.

Zürcher Seide

Ab dem späten 17. Jahrhundert spielte – auch aufgrund des hugenottischen Wirkens – die Seidenfabrikation eine zunehmend wichtige Rolle für die Wirtschaft der Stadt und ihres Umlandes. Zürcher Seide galt als ein qualitativ hochwertiges Produkt. Die Stätten ihrer Verarbeitung wurden Gästen mit Stolz vorgeführt, so etwa die Seidenmühle im Sihlhof. Erbaut um 1730 im Auftrag Heinrich Eschers, wurde hier erstmals in der Schweiz Wasserkraft für die Seidenzwirnerei genutzt. Das vierstöckige Gebäude galt Zeitgenossen als „eine der hervorragendsten Sehenswürdigkeiten Zürichs". Gewerbe und Industrie nahm man im 18. Jahrhundert – wie dieses Beispiel zeigt – nicht als städtebaulichen Schandflecken, sondern vielmehr als Beweis der Tatkraft und des Reichtums einer Stadt wahr.

Produktionsstandorte

Typisch für die Vorstädte war die Kombination aus Wirtschaftsstätte und repräsentativer Wohnanlage. Besonders eindrucksvoll zeigte sich dies beim Neuenhof im Talacker, der 1683 von Paulus Usteri erworben wurde. Drei Jahre zuvor hatte der Wollenweber von einem reichen Hugenotten einen Kredit aufgenommen und das Kapital im Seidenhandel investiert. Es sollte der Grundstein eines international operierenden Unternehmens werden. Von einer ähnlichen Erfolgsgeschichte künden die Mauern des Schanzenhofes (Bärengasse 22), der verschiedenen Zweigen der Familie Orell als Domizil und Wirkungsort diente. Neben dem Seidenhandel betrieb man dort auch zunehmend Bankgeschäfte.

Die Errichtung von Lager- und Produktionsstätten war in Zürich allerdings keineswegs auf das Stadtgebiet beschränkt. Das Umland diente nicht nur als Arbeitskräftereservoir, sondern war mit Webstühlen und Spinnereien geradezu übersät. Zwischen Boden- und Zürichsee entstand eine Produktionslandschaft, die in symbiotischer Beziehung zu anderen Wirtschaftsräumen stand. Dies galt insbesondere für den oberschwäbischen Raum, der sich zu einer Kornkammer der Nordschweiz entwickelte. Die bis heute erhaltene barocke Kirchenlandschaft an der Donau, die zu einem beträchtlichen Teil mit dem Geld aus dem Getreideexport in die Schweiz finanziert wurde, legt davon Zeugnis ab.

Reichtum in der Stadt

Die Ausbildung von Wirtschaftsräumen, die arbeitsteilig miteinander verflochten waren, wies darauf hin, dass die Zeiten, in denen Kaufleute obrigkeitlichen Schutzes dringend bedurften, sich ab Beginn des 18. Jahrhunderts dem Ende zuneigten. Die Bedeutung der grossen Messen als zentrale Orte des Austausches ging dementsprechend zurück. Stattdessen wurden die kleineren Kanäle des Handels wichtiger. Die Ertragschancen nahmen zu und der Konkurrenzdruck, unter dem die Kaufleute standen, ebenfalls. In diesem Umfeld erschien es der Kaufmannschaft geboten, sich ganz auf wirtschaftliches Handeln zu konzentrieren. Was an politischem Einfluss auf die Politik unerlässlich war, wurde seit Ende des 17. Jahrhunderts durch ein kaufmännisches Kollegium wahrgenommen.

Nicht nur die Republik, auch die Wirtschaft profitierte davon. Ungeachtet aller Konjunkturschwankungen, die sich in Zürich in 40-Jahres-Schüben vollzogen, gelang der Textilindustrie im Verlaufe des 17. und 18. Jahrhunderts eine deutliche Ertragssteigerung. Die zeigte sich schon daran, dass der Anteil der Exportzölle am Staatshaushalt von 5 % im Jahre 1637 auf 30–40 % im Jahre 1790 anstieg. Ähnlich rasant verlief die Vermögensentwicklung der Eigentümer. Schon Ende des 17. Jahrhunderts durften einzelne Seidenfabrikanten wie Hans Jakob Escher (1634–1698) Liegenschaften, Waren und Geld im Wert von über 200.000 fl. ihr Eigen nennen. Im frühen 18. Jahrhundert wurden solche Beträge noch weit übertroffen. Die Gebrüder Schinz, zwei Bäckersöhne, die sich als erfolgreiche Seidenexporteure einen Namen gemacht hatten, besassen über 500.000 fl. Der Seidenhändler und Bankier Hans Caspar Schulthess (1709–1804) brachte es schliesslich auf atemberaubende 800.000 fl. – eine Summe, die im Ausland ungläubiges Staunen hervorrief.

Ein solcher Reichtum – der im Übrigen von steuerlichen Begehrlichkeiten weitgehend verschont blieb – gab der Stadt und ihren Bürgern erheblichen finanziellen Spielraum, um ihr kulturelles Profil zu schärfen. Gründe dafür gab es hinreichend. Immerhin strebten die Unternehmer nach gesellschaftlicher Anerkennung im In- und Ausland. Vor allem das Kreditgeschäft, in das mehr und mehr Seidenfabrikanten investierten, verlangte die Fähigkeit, auf internationalem Parkett auftreten zu können. Die Herkunft aus Zürich durfte kein Makel sein.

Bodmer und die deutsche Literatur

Der Pflicht, Bodmer zu besuchen, entkam – wie Goethe in seiner Autobiografie eindrucksvoll schilderte – kein junger Literat. Sein Haus lag auf einer Anhöhe über dem Zürichsee. Wer zu ihm wollte, musste auf steilen Pfaden zu diesem Idyll hinauf wandern. Die Lage des Anwesens war bezaubernd, der Blick auf den See wunderschön. Einmal angekommen, wartete auf den Gast ein Besuch im Allerheiligsten hoch oben auf diesem Tugendberg. Man führte ihn eine Stiege hinauf in ein getäfeltes Zimmer. Dort endlich wartete ein „munterer Greis" auf den Besucher, der die Anwesenden mit den ewig gleichen Scherzen zu langweilen pflegte. Er habe, so sein sorgfältig eingeübter Gruss, mit dem Sterben gewartet, um sich noch an den Talenten solch illustrer junger Männer erfreuen zu können.

Dichterfürsten

Beissend war der Spott, mit dem Goethe die Eitelkeit Johann Jakob Bodmers beschrieb: Ein alternder Kleingeist – als solchen sah der Dichterfürst ihn – stilisierte sich zum Halbgott. Selbst die mehr als vier Jahrzehnte, die zwischen dem Ereignis im Juni 1775 und der Niederschrift des Berichts verflossen waren, hatten das Urteil des Dichters offenbar nicht abgemildert. Bodmer, der 76-jährige Greis, war alles andere als ein Freund und Förderer des damals 25-Jährigen gewesen. Dessen Götz von Berlichingen hatte Bodmer heftig kritisiert. Verworren sei dieses Schauspiel und, genau besehen, eigentlich völlig unaufführbar. Ein Freund Bodmers, der Philosoph Johann Georg Sulzer, hatte der Uraufführung in Berlin beigewohnt – und sie vorzeitig verlassen. Einen neuen Shakespeare schien die Literaten- und Philosophengemeinde an der Limmat nicht herannahen zu sehen, eher einen zweitklassigen Dichterling.

Für den selbstbewussten jungen Mann aus Frankfurt mochte dies eine unverzeihliche Kränkung bedeuten, und doch sah er sich gezwungen, Bodmer seine Referenz zu erweisen. Wie so viele vor ihm hatte auch er auf Pilgerschaft zum Hause eines Gelehrten zu gehen.

Bodmers Parnass kann bis heute besichtigt werden. Erbaut im Jahre 1664 inmitten der neu erschlossenen Vorstadt, kennzeichnete der prächtige Bau den hohen sozialen Status des Besitzers. Hier residierte kein armer Gelehrter, sondern ein regelrechter Dichterfürst, der Macht hatte zu erschaffen und zu zerstören. Noch Thomas Mann sollte sich des Genius Loci bedienen und hier seine Zürcher Residenz nehmen.

Die Dichtkunst war Johann Jakob Bodmer (1698–1783) nicht in die Wiege gelegt worden. Der Vater entstammte der geistlichen, die Mutter der finanziellen Elite der Stadt. Zunächst hatte man ihn, in der Tradition seines Vaters, für das Pastorenamt zu gewinnen versucht, doch Bodmer lehnte ab. Er bevorzugte zunächst den Seidenhandel und wandte sich schliesslich der Literatur zu. Kaum 22-jährig, begann er seine lebenslange Kooperation mit dem drei Jahre jüngeren Johann Jakob Breitinger (1701–1776). Mit ihm gemeinsam gründete er 1720 die „Gesellschaft der Mahler". Juristen, Geistliche, Ärzte und Professoren fanden sich in diesem gelehrten Kreis zusammen und diskutierten über moralphilosophische Themen. Nach englischem Vorbild gab man eine Wochenschrift heraus, in der die Früchte dieses intellektuellen Austausches einer lesenden Öffentlichkeit dargeboten wurden. Diese „Discourse der Mahlern", die zwischen 1721 und 1723 erschienen, wurden auch jenseits der Limmatstadt positiv aufgenommen.

Auffällig war der umfassende Deutungsanspruch der Zürcher Gelehrten. Man widmete sich ästhetischen Fragen ebenso wie der Debatte über die Rolle der Frau in der Kunst. Dem Wesen der Geschichtswissenschaft wandten sich die „Mahlern" zu und sie vergassen auch nicht, den natürlichen Adel der Alpenländer zu rühmen. Schon diese frühen Schriften lasen sich in Teilen als ein republikanisch-patriotisches Manifest. Bodmer und die Seinen verstanden es, die Schweiz als einen Modellfall – als ein Refugium der Freiheit zu preisen. Zugleich forderten sie Reform und Bürgersinn ein. Die Republik des Johann Jakob Bodmer war ein stets gefährdeter Raum, der der Reinigung, der Debatte, des Vorbildes und des Kampfes bedurfte.

Das Urteil über seine eigene Zeit schwankte zwischen Verdammung und Hoffnung. Die Tugend der Bürger, die allein die Republik trug, schien im Vergleich zur glorreichen Vergangenheit Zürichs nur noch schwach ausgeprägt zu sein. Sie sollte neu erweckt werden, wobei Bodmer nur wenig Hoffnung in das Erziehungswerk der Obrigkeit setzte. Der Anstoss für ein neues Goldenes Zeitalter musste aus der Mitte der Bürgerschaft kommen.

Eine neue Blüte der Wissenschaft – vor allem der historischen Forschung – hielt er zur Erreichung dieses Zweckes für unerlässlich. Die Vernunft allein, so Bodmer, eignete sich indes nicht, um den tugendhaften Bürger zu formen. „Es ist", so erklärte er, „ausser allen Zweifel/ dass das Temperament und die ausgelassenen Triebe unsers Willens offt stärcker und ungestümer sind/ als die Vernunft". Es galt also, die Emotionen – oder, um in der Terminologie der Zeit zu bleiben, die Affekte – des Menschen unter Kontrolle zu bringen. Gelingen konnte dies durch eine besondere Gabe des göttlichen Schöpfers an den Menschen – die Einbildungskraft. Bodmer entwickelte schreckenerregende Dramen, Alternativwelten, in denen tapfere Republikaner sich gegen Tyrannen verteidigten. Der wahrhaft Gebildete wurde so zum Herrn seiner eigenen Affekte – er paarte die Vernunft mit dem Geschmack.

Kampf dem Sprachtyrannen

Bodmers Publikationen trugen einen unverkennbaren Bekenntnischarakter. Der Dichter wusste sich mit ihnen in einem städtischen, einem eidgenössischen und einem europäischen Kontext zu verorten.

Allein sein Engagement für das Theater liess ihn zu einem Gegner der strengen reformierten Prediger werden, die eine solche Kunstform strikt ablehnten. Bodmer zeigte sich als Vertreter eines Bürgertums, das den Staatsdienst zwar nicht ablehnte (er selbst war als Professor an der Hohen Schule tätig), jedoch das Heil in der Gesellschaft suchte und das freie Spiel der Kräfte, die gemeinsame Suche nach dem Tugendhaften favorisierte. Botschaften wie diese fanden vor allem bei pietistischen Geistlichen, aber auch bei Seidenhändlern und Manufakturisten lebhafte Aufnahme.

Die Tatsache, dass Bodmer zahlreiche Nachahmer und Schüler um sich zu versammeln wusste, liess sich indes nicht allein mit der optimalen Positionierung des Aufklärers in Zürich erklären. Wichtiger noch war die Resonanz, die aus dem Ausland zu vernehmen war.

Zusammentreffen des in melancholischer Pose dargestellten Malers Füssli mit seinem gottesgleich auftretenden Lehrer Johann Jakob Bodmer. Im Hintergrund lauscht Homer. – Gemälde von Johann Heinrich Füssli, ca. 1778–1781.

Schon mit den „Discoursen" hatte sich der Zürcher dem Vorbild der englischen Aufklärung angenähert und damit Distanz gegenüber den französischen Geistesgrössen signalisiert. Im protestantischen Teil der Eidgenossenschaft und mehr noch im Reich wurde dies mit Sympathie zur Kenntnis genommen.

Wichtig war vor allem das positive Urteil Christian Wolffs, der prägenden Gestalt der deutschen Frühaufklärung.

Johann Christoph Gottsched, den mancher als einen deutschen Sprach- und Literaturpapst sah, teilte als überzeugter Wolffianer selbstverständlich die Meinung des Meisters. Sein herablassendes Lob über die Werke Bodmers enthielt indes bereits ein beträchtliches Spannungspotenzial. Wenngleich der Zürcher mit grossem Geschick eine Konfrontation mit der Leipziger Schule zu vermeiden wusste, zeigte er sich nicht dazu bereit, deren Überlegenheit anzuerkennen. Ganz im Gegenteil, Bodmer begann, Bande zu den Gegnern Gottscheds zu knüpfen und gleichzeitig sein eigenes Renommee zu steigern. Kritik am Schweizer Dialekt etwa verbat er sich und wies dabei auf die mittelalterliche Blüte der deutschen Literatur im alemannischen Sprachraum hin. Zudem begann man, Reglementierungen der Sprache strikt abzulehnen und die Bedeutung der Einbildungskraft in der Literatur zu betonen. Wenngleich die sachlichen Unterschiede zur Position Gottscheds oft marginal waren, gelang es Bodmer, seine eigene Meinung so provokativ zu äussern, dass die Leipziger schliesslich reagieren mussten.

Bodmer konnte von dem nun einsetzenden Beleidigungskrieg nur profitieren. Aus dem literarischen Nobody an der Limmat wurde eine neue Bezugsgrösse der Literatur – ein Hoffnungsträger, dem jeweils die Position zugeordnet wurde, der man selbst gern zum Durchbruch verhelfen wollte. Dass er ein dezidierter Republikaner war, machte ihn für die deutschen Aufklärer, die sich selbst zunehmend politisierten, nur noch attraktiver.

Geschickt wusste der Gelobte Enttäuschungen zu vermeiden und seine Gefolgsleute zu fördern. Die Zürcher Aufklärung hatte an Bedeutung und Attraktivität gewonnen. Neben Bodmer und Breitinger wurden auch viele seiner Schüler, zu denen der Maler Johann Heinrich Füssli (1741–1825), der Verleger und Dichter Salomon Gessner (1730–1788) und der Stadtarzt Hans Caspar Hirzel (1725–1803) zählten, zu festen Grössen einer nach ganz Europa ausstrahlenden eidgenössischen Aufklärung.

Reichtum und Unbehagen – Zürich am Ende des Ancien Régime

Die Geschichte von Lienhard und Gertrud, deren erster Teil 1781 veröffentlicht wurde, gehörte zu den grossen Literaturerfolgen des 18. Jahrhunderts. Ihr Autor, Johann Heinrich Pestalozzi, gelangte mit einem Schlage zu internationaler Berühmtheit. Angesichts der finanziellen Misere, in der sich der Zürcher Pädagoge befand, kam dieser schriftstellerische Triumph keinen Tag zu früh. Der 35-Jährige hatte Jahre des Arbeitens und des Scheiterns hinter sich. In dem Buch, das er geschrieben hatte, wurden all diese schwierigen Erfahrungen verarbeitet.

Pestalozzis Dorfroman

Gertrud drohte zu verzweifeln. So sehr sie ihren Lienhardt auch liebte, sein Hang zum Alkohol drohte die Familie in Armut und Hoffnungslosigkeit zu stürzen. Schwach war ihr Gatte und gross war die Verlockung, das sauer verdiente Geld die Kehle hinunterrinnen zu lassen. Dass das Wirtshaus dem Untervogt der Gemeinde gehörte, machte das Problem nur noch grösser. Wohin sollte sich die fromme Mutter einer vielköpfigen Kinderschar nur wenden? Nach langem Zaudern überwand sie ihre Scham und entschloss sich zu einem Besuch bei ihrem „Landesvater", „Junker Arner". Es sollte eine tränenreiche erste Begegnung sein, in deren Verlauf sie dem Vertreter der Obrigkeit Einblick in die Güte ihres Herzens und in die Missstände des dörflichen Lebens gewährte. Tatkräftig, weise und zugleich voller Fürsorge machte sich der edle Junker daran, das ihm anvertraute Dorf in ein Paradies auf Erden zu verwandeln. Der böse Untervogt, der mit List und Tücke die Gemeinde zum Widerstand zu reizen suchte, hatte zu weichen. Was an Unrechtem geschehen war, wurde rückgängig gemacht und die Kirche – Symbol des sittlichen Lebens– baulich und gesellschaftlich wiederaufgerichtet.

Pestalozzi, der Reformer, präsentierte seinen Lesern das Wunschbild einer Republik und stellte damit zugleich die Frage, warum sich der tatsächliche Zustand der Eidgenossenschaft so erheblich vom anstrebten Zielpunkt eines Tugendstaates unterschied. Er, der Praktiker, prangerte die Widerstände an, mit denen der aufrechte Patriot zu kämpfen hatte. Er wies aber auch Wege, wie sie zu überwinden waren. Die Resonanz auf sein Buch zeigte, dass er mit diesem Anliegen den Nerv seiner Zeitgenossen getroffen hatte. Trotz aller wirtschaftlichen und politischen Erfolge debattierte man in den Salons der Limmatstadt über die Krise der Zeit. Hoffnungsvolle Projekte und düstere Gegenwartsbeschreibungen, patriotische Bekenntnisse und harte Kritik an der Obrigkeit verschmolzen hier zu einer Einheit. Man geisselte die Gegenwart und entwarf Zukunftsbilder, die von Verheissungen aber auch von Schrecken und Zerfall kündeten.

Häuser der Elite

Pestalozzis weiser Junker Arner hatte Gertruds darbendem Dorf nicht nur durch Güte und Gerechtigkeit, sondern auch durch erhebliche finanzielle Zuwendungen auf die Beine geholfen. So griff er in den eigenen Beutel, um die Versorgung ihrer Kinder zu verbessern, und als die wirtschaftliche Entwicklung der Gemeinde eines Impulses bedurfte, zögerte er nicht, einen Bauauftrag zu erteilen. Während die Bauern Hunger litten, kannten die Vertreter der Obrigkeit offenbar keine Geldsorgen. Tatsächlich war der 1746 geborene Johann Heinrich Pestalozzi in einer Stadt aufgewachsen, in der allerorten gebaut wurde.

Nahe an der Stadt und doch ausserhalb ihrer Mauern entstanden in der zweiten Hälfte des 18. Jahrhunderts weitere residenzartige Bürgerhäuser, in denen eine schmale Elite ihre Prosperität und ihre Fähigkeit demonstrierte, Weltläufigkeit und Patriotismus miteinander in Einklang zu bringen. Die prächtigsten dieser Gebäude waren sicherlich in Enge nahe dem Zürichsee zu bewundern. Der Handelsherr Johann Heinrich Frey liess hier ein Landhaus im französischen Stil errichten, das von einem deutschen Besucher als altmodische und plumpe Zurschaustellung des Reichtums abqualifiziert wurde. Mit mehr Wohlwollen wurde der Bau eines Gutshauses durch Johannes Werdmüller verfolgt. Werdmüller war nicht nur an der

Planung selbst beteiligt, sondern liess beim Bau moderne Gerätschaften zum Einsatz bringen, die die Neugier der Mitbürger erregten. Stilistisch orientierte sich der Bauherr des heute als Muraltengut bekannten Anwesens an Berner Vorbildern.

Eine patrizisch-patriotische Form der Selbstdarstellung wählten auch die Auftraggeber des wohl bedeutendsten Zürcher Privatbaus des 18. Jahrhunderts. Der „Rechberg" an der Zürichberghalde entstand zwischen 1759 und 1770. Finanziert und geplant wurde dieses eindrucksvolle Palais durch das Ehepaar Hans Caspar Werdmüller und Anna Oeri. Dass man den stilistischen Anforderungen der Zeit gewachsen war, brachte der Bau eher unterschwellig zum Ausdruck. Hier entstand eine Stadtresidenz und kein ländliches Refugium. So war auch das Programm vom Lob auf die Ehe und die Weisheit des Hausherrn geprägt. Der Seidenfabrikant, Zunftmeister und Obervogt, liess sich als Zürcher Herkules feiern und scheute sich damit nicht, Motive zu bemühen, die dem monarchischen Umfeld entstammten.

Der Rechberg war – nicht weniger als das Muraltengut oder der Beckenhof – eine steinerne Werbemassnahme. Das Geld, das man besass, die Bildung, die man genossen hatte, die Kontakte, über die man verfügte – all dies sollte nur dem Vaterlande dienen, das dem Wohltäter dankbar zu Füssen lag. Wer derart selbstbewusst die eigene Bonität demonstrierte, spielte indes mit dem Feuer. Die Konkurrenz, von der man sich absetzte, musste ruhig gestellt und zudem die Zustimmung der einfachen Bürger gewonnen werden. Beides war nur zu erreichen, wenn dem steinernen Versprechen des Patriotismus Taten folgten.

Paläste der Republik

Die neuen prächtigen Privatbauten mussten ausbalanciert werden durch städtische Bauvorhaben, die dem gemeinen Nutzen dienten. Kapital, um dergleichen Projekte zu finanzieren, war hinreichend vorhanden. Die steigenden Zolleinnahmen liessen die Stadt am geschäftlichen Erfolg der Textilhändler und Produzenten teilhaben. Ab Mitte des 18. Jahrhunderts sorgte zudem ein geschickt betriebenes Kreditgeschäft für reich gefüllte Kassen. Während ganz Europa mit dem Bankrott kämpfte, verfügte man an der Limmat über beträchtliche Überschüsse.

Der Bau der Befestigungen und des neuen Rathauses hatten den Willen der Stadtväter, das angesammelte Kapital zu investieren, erstmals dokumentiert. 1706 erfolgte als nächster Schritt der Neubau des Kirchenschiffs von St. Peter, der ältesten Pfarrkirche der Stadt. Deren Gebäudesubstanz war derart marode, dass es mit einer Renovation nicht getan war. Angesichts der Tragweite und der Symbolkraft des Projektes (immerhin baute man die erste Zürcher Kirche nach der Reformation) erstaunte es nicht, dass die zuständige Baukommission sehr vorsichtig zu Werke ging. Dennoch durfte das Gesamtprojekt als Erfolg gewertet werden. Ein durch aufwändige Stuckaturen aufgeheiterter, heller Kirchenraum war entstanden. „Es ist", so der Zeitgenosse Johannes Peyer, „dieses eine neugebaute Kirche und fast die schönste unter allen zu Zürich."

Kaum war St. Peter fertiggestellt, begannen um 1713 die Renovationsarbeiten am Fraumünster. Als markante Veränderungen des bisherigen Baus fielen der Abriss des Südturms und die Erhöhung des Nordturms (1732) ins Auge. Elegant gen Himmel strebend, wertete der neue Nordturm den Münsterplatz städtebaulich auf. Zudem prägte er durch sein nunmehr weithin hörbares Geläut den Lebensrhythmus der Stadt. Beide Funktionen waren nur bedingt religiöser Natur. Auch die Kirche hatte – wie der Turmbau demonstrierte – ihren unmittelbaren Nutzen für das Gemeinwohl unter Beweis zu stellen. Johann Jakob Breitinger sollte dies 1765 als „Entgeistlichung" kritisieren.

Der Einfluss der weltlichen Gelehrten – der Literaten, der Philosophen, der Ärzte und Baumeister – zeigte in der Tat Wirkung. Man forderte ein obrigkeitliches Handeln, das weniger auf Reinigung von Sünden und obrigkeitliche Almosenvergabe abzielte, als vielmehr nach Erziehung und Wirtschaftsförderung strebte.

Zürich stilisierte sich als aufgeklärte Tugendrepublik, als ein Erziehungsstaat, der das Dunkel des Aberglaubens hinter sich liess und einer von der Wissenschaft erleuchteten Zukunft entgegenschritt. Im Neubau des Zunfthauses zur Meisen zwi-

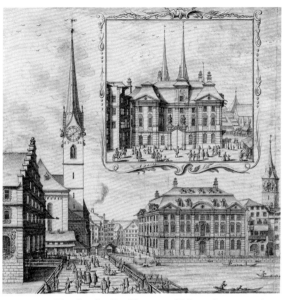

Der Bauzuschlag für das Zunfthaus zur Meisen ging an zwei Maurerwitwen, die ihre männlichen Kollegen unterboten. – Stich, 1755 (kurz vor Bauabschluss).

schen 1752 und 1757 kam dies geradezu prototypisch zum Ausdruck. Er wurde in unmittelbarer Nähe des Fraumünsters und des neuen Rathauses errichtet. Das Schmidsche Palais, das hier bislang gestanden hatte, wurde abgetragen. An seine Stelle trat ein regelrechter Zunftpalast – ein „hôtel entre cour et jardin". Anders als das Palais Kinsky in Wien, das dem Zunfthaus stilistisch ähnelte, verherrlichte der Architekt hier nicht ein einzelnes Geschlecht, sondern eine Gemeinschaft vornehmer Familien, die hinter der Institution, der sie gemeinsam dienten, zurücktraten. Welch unentbehrlichen Nutzen die Zunft der Republik brachte, zeigte die Innenausstattung und Raumnutzung. Das Zunfthaus war mehr als ein Ort der Geselligkeit. Es bot auch der angesehenen „Physikalischen Gesellschaft" Raum. Diese hatte an der Gestaltung ihren Anteil gehabt und richtete hier unter anderem ein Observatorium ein. Das Bildprogramm spiegelte diese Doppelverwendung wider – die Segnungen des friedlichen Handels wurden hier ebenso gepriesen wie jene der Wissenschaft.

Rathaus, Kirche und Zunft waren Mitte des 18. Jahrhunderts neu dimensioniert und akzentuiert worden. Nun galt es, ihr wohltätiges Zusammenwirken sichtbar zu machen. Kein anderer gesellschaftlicher Bereich schien dafür geeigneter zu sein als die Waisenpflege, die zu den Reservatsrechten des Souveräns gehörte. Auch in diesem Punkte hatte sich ein unverkennbarer Wandel vollzogen, der durch bauliche Veränderungen zum Ausdruck gebracht werde sollte. Bis weit in das frühe 18. Jahrhundert hinein waren die Waisen gemeinsam mit Kleinkriminellen und Vaganten im Kloster Oetenbach untergebracht. Getreu der These, dass Müssiggang aller Laster Anfang war, sollten sie durch harte Arbeit vor den Angriffen des Teufels geschützt werden. Bereits um die Jahrhundertwende waren erste Zweifel an dieser Methode geäussert worden. Als Mündel des Staates, sollten die Kinder nicht mehr länger als potentielle Straftäter, sondern als künftige wertvolle Mitbürger der Stadt behandelt werden. Nicht durch Arbeit, sondern durch gute Ernährung und umfassende Bildung sollten sie der Armut entkommen.

Das ehemalige Waisenhaus. – Aufnahme vor 1907.

Das lichte Gebäude, das 1771 schliesslich errichtet wurde, war von diesem Anliegen regelrecht durchdrungen. Es glich nach Aussagen eines Zeitgenossen „beinahe einer fürstlichen Wohnung".

Die gebändigte Aufklärung?

Die heitere Fassade an der Limmat wies indes schon früh Risse auf. Pestalozzi hatte in seinem Roman über Lienhard und Gertrud auf sie hingewiesen. Die Bautätigkeit des guten Vogtes Arner führte nur nach der Bewältigung von allerlei Krisen zum Ziel. Ihre Schilderung verdeutlichte dem Leser, wie ein solches Projekt üblicherweise ablief. So tat ein verschlagener Untervogt alles, um nur seine Getreuen mit Arbeit und Lohn zu versorgen. Andere Handwerker wurden übergangen oder durch Sabotage von der Baustelle verdrängt. Der Reichtum der wenigen – so wusste der Autor zu zeigen – gereiche dem gemeinen Wohl nicht zum Nutzen. Im Gegenteil: Der Wohlhabende korrumpierte die Republik.

Mit dieser – wenn auch verhaltenen – Grundsatzkritik zeigte sich Pestalozzi durch die radikal-politischen Patrioten im Umkreis Bodmers beeinflusst. Junge Sprösslinge der Elite, oft Studenten, versammelten sich zu geheimen Treffen und suchten nach Wegen zu einer Reform ihrer Republik.

Johann Caspar Lavater, einer dieser Patrioten, sandte dem Landvogt von Grüningen Felix Grebel 1762 einen mit seinen Initialen unterschriebenen Brief. Er beschuldigte den „Tyrannen", wie er ihn nannte, sein Amt gröblich missbraucht und sich schamlos bereichert zu haben. Wenn er den Schaden, den er angerichtet habe, nicht innerhalb der nächsten Monate wiedergutmache, so werde dies Folgen haben. Grebel, der Schwiegersohn eines der Bürgermeister, zeigte sich ungerührt. Lavater und sein Mitstreiter Johann Heinrich Füssli verfassten daraufhin eine polemische Klageschrift und liessen sie in einer Auflage von 150 Exemplaren in Lindau drucken. „Der ungerechte Landvogt; oder Klagen eines Patrioten über die ungerechte Regierung" wurde am Spätabend des 29. November an die Räte der Stadt verteilt. Ihre Autoren blieben zunächst anonym. Was sie zu sagen hatten, verbreitete sich rasch in der Stadt. Lavater und Füssli beschuldigten Grebel nicht nur weitreichender Verfehlungen, sondern postulierten darüber hinaus ein Widerstandsrecht der betroffenen Landbevölkerung gegen ein solches Verhalten. „Würden", so hiess es in der Schrift, „diese redlichen Helvetier einen solchen Tyrannen, der grausamer ist als Gessler und Landenberg waren, unter sich gelitten haben, oder hätten sie ihm nicht vielmehr gleiche Strafen wie diesen angetan?" Die jungen Patrioten riefen zum Tyrannenmord auf.

Wie sollte der Rat darauf reagieren? Innerhalb weniger Tage trafen zahlreiche weitere Klagen gegen Grebel bei der Obrigkeit ein. Man setzte sogleich eine Ehrenkommission ein, die sich mit der Angelegenheit zu beschäftigen hatte. Ende Februar 1763 erging nach eingehenden Ermittlungen der Richtspruch. Junker Felix Grebel wurde des Amtsmissbrauchs schuldig gesprochen. Er wurde lebenslänglich verbannt, hatte an die Staatskasse 5.000 fl. zu entrichten und musste eine Summe von 4.200 fl. Schadensersatz an die betroffene Landbevölkerung zahlen. Was die Autoren des Pamphlets anging, so hatten diese sich nach Aufforderung des Rates freiwillig gestellt. Sie hatten dem Rat offiziell Abbitte zu leisten und begannen, auf Anraten ihrer Mentoren noch im Frühjahr desselben Jahres eine Bildungsreise.

Die Affäre schadete damit weder dem Stand Zürich, der sich als weise und milde Obrigkeit präsentierte, noch den beiden Pamphletisten, die eine glänzende Karriere vor sich hatten – Füssli als international anerkannter Maler und Lavater als einer der einflussreichsten Theologen seiner Zeit. Das Risiko, das sie eingegangen waren, war von Anfang an gering. Schliesslich entstammten beide einflussreichen Familien.

Die zahllosen Verbindungen zwischen dem Rat und seinen Kritikern milderten die Härte des Konflikts auf beiden Seiten ab. Letztlich zeigte man sich gemeinsam bestrebt, das Ansehen des Standes zu mehren und mögliche Konflikte zu entschärfen. Fabrikanten sahen daher kaum ein Problem darin, wenn ihre Söhne und potentiellen Geschäftsnachfolger sich den radikalen Patrioten anschlossen. Gelehrte, Fabrikanten, Senatoren, Pastoren, Militärs – sie alle nutzten das breit gefächerte Angebot patriotischer Gesellschaften, um sich zu profilieren, das eigene Ansehen zu mehren und die Interessen der anderen kennen zu lernen.

Die Provokation, der Konflikt mit der Obrigkeit, war ein integraler Bestandteil dieses Spiels. Manches schlug hohe Wellen, wie die politische Streitschrift „Bauerngespräch" Christoph Heinrich Müllers (1740–1807), der die Politik der Obrigkeit gegenüber der Genfer Bürgeropposition kritisierte. Auch der Fall des Pfarrers Jakob Heinrich Meister (1744–1826), der 1768 sämtliche Religionen öffentlich als überflüssig und gefährlich einzustufen wusste, fand Beachtung.

Konflikte mit breiter Bürgerbeteiligung blieben selten. Lediglich 1777, als der Rat ein Bündnis mit Frankreich anstrebte und dabei auf heftigen Widerstand stiess, schien der Grundkonsens innerhalb der Eliten kurz zu wanken. Am Ende blieb es bei einer leichten Machtverschiebung zwischen Zünften und Rat.

Es gab indes auch andere Beispiele, die bereits den Zeitgenossen zu denken gaben, so der Fall des ehemaligen Pfarrers und aufgeklärten Reformers Johann Heinrich Waser (1742–1780). Waser hatte den Göttinger Gelehrten und Publizisten August Ludwig von Schlözer mit geheimem Archivmaterial und pikanten Informationen versorgt. Der Rat reagierte zunächst irritiert und entschloss sich schliesslich, ihn zum Tode zu verurteilen. Das Urteil wurde am 27. Mai 1780 – zum Entsetzen von Beobachtern in ganz Europa – vollstreckt. Ausschlaggebend war offenbar Wasers Aussage, nur der Wissenschaft verantwortlich zu sein und dem Rat keinerlei Treue zu schulden. Als ein Mann, der über keine Protektion verfügte, galt er der Obrigkeit als unberechenbar und damit gefährlich.

Es fiel den Zürcher Eliten offenbar zunehmend schwer, die Debatten um eine Reform des Standes unter Kontrolle zu halten. Der Strom der Pamphlete, der handschriftlich kursierenden Reden, der Zeitschriften und Bücher sorgte dafür, dass Personen sich zu Worte meldeten, die nicht in das fein gesponnene Netz des Zürcher Interessenausgleiches eingebunden waren. Noch war die Situation nicht ausser Kontrolle geraten, doch was würde geschehen, wenn sich die radikalen Aufklärer mit den Unzufriedenen im Kanton verbündeten? Die waren vornehmlich in der Landschaft zu finden und erwiesen sich als aufmerksame Leser der städtischen Publizistik.

Gnädige Herren – Zürich und seine Landschaft

Pestalozzi hatte die Situation der Landschaft in seinem Roman „Lienhard und Gertrud" in den düstersten Farben dargestellt. Dergleichen Klagen gehörten zum Gemeingut der Zürcher Aufklärer, die sich intensiv mit dem Schicksal des Untertanengebietes auseinandersetzten.

Der Stand Zürich herrschte über ein umfangreiches Territorium, das in etwa die Ausdehnung des heutigen Kantons hatte. Die Gliederung der Landschaft als unübersichtlich zu bezeichnen, wäre eine Untertreibung gewesen. Nahezu jedes Dorf besass einen eigenen Rechtsstatus. Selbst bei den sogenannten inneren und äusseren Vogteien waren die Möglichkeiten des Rates und seiner Vertreter, Verwaltung und Rechtssprechung zu kontrollieren, äusserst beschränkt. Seine Ober- und Landvögte waren auf die Mitwirkung der ländlichen Ehrbarkeiten angewiesen. Die von Pestalozzi gegeisselte Institution des Untervogtes spielte im politischen und sozialen Leben der Landschaft damit tatsächlich eine zentrale Rolle. Er bildete gleichsam das Scharniergelenk zwischen dem Amtsträger aus der Stadt und den Eliten des Landes. Ohne seine Mitwirkung war der Landvogt kaum in der Lage, seine Aufgaben zu erfüllen.

Da die finanziellen Einkünfte aus den Textilzöllen reichlich sprudelten und die Bauern sich als ruhige Untertanen erwiesen, sah der Rat keinen Grund, daran etwas zu ändern. Das Gleichgewicht zwischen Stadt und Land schien stabil zu sein. Der Rat verschonte die Bauern mit übermässigen Steuern und diese akzeptierten im Gegenzug die wirtschaftlichen Privilegien der Bürger.

Das Bild trog. Tatsächlich war das Spannungspotenzial zwischen Regierenden und Regierten im Verlaufe des 18. Jahrhunderts beständig gestiegen. Zürichs protoindustrielle Blüte hinterliess auch in der Landschaft ihre Spuren. Eine gebildete und prosperierende ländliche Ehrbarkeit forderte hier zunehmend

Von Hugo Siegwart 1899 geschaffenes Denkmal des Philosophen und Pädagogen Johann Heinrich Pestalozzi an der Bahnhofstrasse.

wirtschaftliche und politische Teilhabe. Das alte Ungleichgewicht wurde hinterfragt. Die Stadt-Land-Konflikte, aber auch die Streitigkeiten innerhalb der Dörfer nahmen zu.

Die Frage, wie das Problem zu lösen sei, wurde in der Stadt seit Mitte des 18. Jahrhunderts diskutiert. Der Oberstadtarzt und Vorsitzende der ökonomischen Kommission Hans Caspar Hirzel plädierte in seiner Schrift „*Die Wirtschaft eines philosophischen Bauers*" von 1771 für einen intensiven Meinungsaustausch mit der Landbevölkerung. Statt den Bauern ökonomische Prinzipien zu predigen und ihre Durchsetzung zu forcieren, möge man vorhandene Ansätze ernst nehmen und ausbauen. Der im Zürcher Untertanengebiet lebende Jakob Gujer (genannt Kleinjogg) habe etwa aufgrund genauer Naturbeobachtung seine landwirtschaftliche Tätigkeit nach Massstäben umgestaltet, die jenen der Physiokraten genau entsprächen. Sein Beispiel (das Hirzel in ganz Europa bekannt machte) demonstriere, wie viel die Stände voneinander lernen könnten, wenn sie denn bereit wären, miteinander zu diskutieren. Die geforderte symbolische Aufwertung des Bauernstandes fand auf Anregung Hirzels tatsächlich statt. Im Rahmen der sogenannten Bauerngespräche begann ein vielbeachtetes aufklärerisches Experiment.

Johann Heinrich Pestalozzi, selbst ein Bewunderer Kleinjoggs, zweifelte an dem Erfolg des Unternehmens. Er riet zu einer anderen Strategie. Der Gelehrte möge selbst auf das Land gehen und dort mit seiner Erziehungsarbeit beginnen. Sein Versuch, dieses Modell im Rahmen eines landwirtschaftlichen Musterhofes ab 1773 zu verwirklichen, scheiterte – seiner Ansicht nach – am mangelnden Urteilsvermögen der Obrigkeit. Wenngleich er bis zu seinem Lebensende Republikaner blieb, sollte sein Vertrauen in die Fähigkeiten des Zürcher Rates angesichts dieser Erfahrung deutlich schwinden. Nicht der Rat, sondern die Mütter, Dorfschullehrer und Pfarrer waren letztlich dazu in der Lage, ein tugendhaftes, republikanisches Gemeinwesen zu formen.

Die Einwohner der Landschaft, insbesondere aber ihre Ehrbarkeit hatten an Selbstbewusstsein gewonnen. Man nahm die Rhetorik der Aufklärung auf und nutzte sie zunehmend, um eigene Interessen zu rechtfertigen. Alte und neue Begründungsmuster, aber auch alte und neue Konfliktlinien verbanden sich zu einem verwirrenden Ganzen. So 1794, als die Zürcher Seegemeinden unter Führung des Ortes Stäfa in einer Reihe von Punkten die Gleichstellung von Stadt und Landschaft forderten. Man berief sich dabei auf natürliche Rechte ebenso wie auf alte Privilegien. Der Rat reagierte mit militärischer Gewalt. Die Führer der Bewegung wurden inhaftiert und die Gemeinden zur erneuten Huldigung gezwungen.

Angesichts der Ereignisse in Frankreich glich ein solches Verhalten einem Spiel mit dem Feuer. In den folgenden vier Jahren zeigte sich, dass die Obrigkeit auf die falsche, die österreichische, Karte gesetzt hatte. Frankreichs Republik gewann an Macht, und die Unzufriedenen der Eidgenossenschaft formierten sich neu. Es begann im Januar 1798 in Basel. Landuntertanen pflanzten Freiheitsbäume auf und verlangten nach Gleichberechtigung. Bereits kurze Zeit später hatte die Bewegung Zürich erreicht, dessen Rat am 5. Februar den Forderungen nachgab.

Alle Versuche, durch späte Kompromisse zu retten, was noch zu retten war, scheiterten indes. Frankreichs Armee läutete schliesslich das Ende des Ancien Régime in der Schweiz ein. Ihr Sieg am 5. März 1798 über die Berner bei Grauholz zwang auch die Zürcher Elite endgültig zum Umdenken. An die Stelle der Alten Eidgenossenschaft trat die Helvetische Republik.

Gescheiterte Experimente – auf der Suche nach einer neuen Ordnung

Die Kugel hatte ihn dicht oberhalb des rechten Rippenbogens getroffen. Geschockt zunächst, dann von Übelkeit übermannt, setzte er sich auf die Bank seines Nachbarn. Während der Grenadier bereits nachlud, zogen ihn Freunde ins Haus. Ärzte wurden gerufen und rasch verbreitete sich in der Stadt die Nachricht, dass Johann Caspar Lavater von einem französischen Soldaten angeschossen worden war.

Die Besatzungsmacht traf der Vorfall zum denkbar ungünstigsten Zeitpunkt. Lavater, der der Helvetischen Republik und ihrem grossen französischen Verbündeten seit 1798 publizistisch Paroli bot, drohte zu einer Märtyrerfigur zu werden. Die Tatsache, dass der prominente Geistliche die Attacke vom 26. September 1799 knapp überlebte und erst über ein Jahr später, am 2. Januar 1801, den Spätfolgen der Verletzungen erlag, machte die Angelegenheit aus Sicht seiner Gegner eher noch schlimmer.

Lavater nutzte die ihm verbleibenden Monate und Wochen, um sich als sterbender Märtyrer zu stilisieren. Bereits drei Tage

Der sterbende Johann Caspar Lavater, dargestellt als Hausvater im Kreise einer von Gottvertrauen geprägten Familie. – Gemälde von Antonio Orazio Moretto, um 1801. SNM – Landesmuseum Zürich.

nach dem Vorfall diktierte er einen ausführlichen Bericht. Er selbst trat darin als ein wahrer Christ auf, der dem Feind Nahrung, Geld und Kleidung schenkte. Die mit Gewehren die Strassen bevölkernden französischen Truppen fanden in ihm, so man Lavater Glauben schenken wollte, einen Wohltäter, der nicht nach der Uniform, sondern nur nach der Bedürftigkeit fragte. Das Charakterbild, das er von der Gegenseite zu zeichnen wusste, war weit weniger schmeichelhaft. Gierige, brutale, zornige Trunkenbolde treten dem Leser hier entgegen – Männer, die immer mehr fordern und sich schliesslich alles mit Gewalt zu nehmen versuchen. Bezeichnend ist, dass Lavater als Schützen einen Mann benennt, den er kurz zuvor noch, aus christlicher Nächstenliebe, gespeist habe.

Das sich der langsam sterbende Prediger in gut reformierter Tradition stets als treuer Untertan gab, verstärkte die Wirkung seiner Grundsatzkritik an der neuen Republik noch. Auf Zürichs Strassen standen sich, wie er kaum verhohlen zum Ausdruck brachte, die Truppen des Antichristen und die Kinder Gottes gegenüber – hier die Franzosenfreunde und dort die wahren Schweizer. Damit wurde ein unerbittlicher Gegensatz formuliert, der die Eidgenossenschaft für die nächsten Jahrzehnte prägen sollte. Wie hatte es soweit kommen können und wie gelang es, dem Dilemma zu entkommen?

Freiheitsbaum und Franzosenjoch – Zürich und die helvetische Revolution

Die Ausgangsposition der Revolutionäre, die sich zu Beginn des Jahres 1798 anschickten, die Schweizer Republik neu zu begründen, war durchaus vielversprechend.

Zwar hatten die französischen Truppen die Gründung der neuen Schwesterrepublik militärisch forciert, doch der entscheidende Anstoss kam von innen. Es waren radikale Aufklärer aus der Stadt, unzufriedene Patrizier und rebellierende Untertanen, die der alten Eidgenossenschaft schliesslich den Todesstoss versetzt hatten. Während die Räte ihre Untertanen zu den Waffen riefen, richteten diese – vor allem am Zürichsee – lieber Freiheitsbäume auf.

Die neue Schweizer Verfassung setzte dementsprechend eigene Akzente. Sie ging auf einen Entwurf des Baslers Ochs und des Waadtländers La Harpe zurück und wurde am 12. April 1798 durch Deputierte der Kantone Zürich, Bern, Luzern, Basel, Freiburg, Solothurn, Schaffhausen, Leman, Aargau und Bern-Oberland angenommen. Den Vorsitz der Versammlung, in der alte und neue Republiken ihren Platz fanden, hatte Johann Jakob Bodmer inne, ein Textilfabrikant, der zu den führenden Köpfen des Stäfner Handels von 1794/95 gehört hatte.

Die Ziele, die man sich gesetzt hatte, waren kühn. Die Schweiz sollte künftig eine Republik sein, in der jeder Staatsbürger ohne Ansehen des Standes oder der Religion die gleichen Rechte genoss. Die Grundzinsen der Landbevölkerung sollten abgelöst und die Bauern damit Eigentümer ihres Grund und Bodens werden. Der Zunftzwang wurde aufgehoben, das komplizierte Geflecht interner Zollgrenzen beseitigt, eine eidgenössische Post eingerichtet, ein einheitliches Erziehungswesen geschaffen, eine Kodifizierung des Rechts vereinbart, die Niederlassungsfreiheit gewährleistet und die Zensur abgeschafft.

Doch diese Ziele waren schwer zu erreichen, denn der Republik fehlte es von Anfang an dem, was sie am dringendsten brauchte: Geld. Johann Caspar Lavater, einst ein radikaler Patriot und zeitweise ein Bewunderer der französischen Revolution, machte die französischen Alliierten für dieses Dilemma verantwortlich: „Ihr Franken", so erklärte er 1798, „kamet als Räuber und Tyrannen in die Schweiz. Ihr führtet Krieg wider ein Land das Euch nicht beleidigte – führtet die Schätze, die Euch nicht gehörten, von den besiegten Städten fort. (…) Ihr nehmet Helvetien einen Grossen Theil seiner Kraft. Ihr befreiet es von den Mitteln sich zu erhalten." Die französische Besatzung der Republik erwies sich in der Tat als ein kostspieliges Unterfangen. Die beträchtlichen Vermögen des Ancien Régime waren bald aufgebraucht. Die Steuern mussten erhöht werden, für viele Eidgenossen ein unerhörter Vorgang.

Parlament und Direktorium der Republik reagierten zudem auf Kritik vorsichtig und oft inkonsequent. Dies machte es ihren Kritikern leicht, ihre Glaubwürdigkeit völlig zu ruinieren. Der trickreiche Lavater etwa provozierte die Regierung so lange, bis man sich entschloss, ihn ohne Gerichtsverfahren nach Basel zu deportieren. Dort angekommen warf man ihm vor, mit dem Hause Habsburg zu konspirieren und Frankreich als Antichristen zu denunzieren. Lavater konnte den Verratsvorwurf rasch entkräften, indem er die Republik mit ihren eigenen Grundsätzen schlug. Was seine Predigten anging, so erklärte er dem verblüfften Vernehmungsbeamten, so gingen diese sie gar nichts an. In der Republik sei Religion eine Privatangelegenheit. Lavater musste freigelassen werden.

Dergleichen Szenen hatten ein verheerendes Echo, zumal die Republik noch mit weiteren Problemen zu kämpfen hatte. So hatte sich die Landbevölkerung vom Ende des Ancien Regime mehr direkte Mitbestimmungsrechte versprochen. Statt neuer

Wilhelm Tell bekämpft höchstpersönlich den Revolutionsdrachen.
– Federzeichnung von Balthasar Anton Dunker, 1798. SNM – Landesmuseum Zürich.

Landsgemeinden wurde jedoch eine zentralisierte Verwaltung eingerichtet.

Selbst Zürich wurde nun von einem Statthalter regiert. In der Innerschweiz, in der die helvetische Verfassung ohnehin als religionsfeindlich missbilligt wurde, hatten dergleichen Neuerungen erbitterten Widerstand ausgelöst. Nachdem er mit militärischen Mitteln gebrochen worden war, konnten in dieser Region auch republikanische Missionare wie Johann Heinrich Pestalozzi den Ruf des neuen Staates nicht mehr retten.

Krieg drohte den Schweizern auch von aussen, da die Feinde Frankreichs nun auch die eigenen waren. 1799 wurden unmittelbar vor den Toren Zürichs zwei blutige Schlachten zwischen Franzosen und Russen geschlagen, mit all den Verwüstungen, die ein solches Gemetzel mit sich brachte.

Die Bilanz der Helvetischen Republik fiel damit in den Augen vieler Zeitgenossen vernichtend aus. Vor allem die alten Führungsschichten und die katholische Landbevölkerung strebten nach einer Restauration. Die fortwährenden Streitigkeiten führten schliesslich zum Eingreifen Frankreichs. Der erste Konsul der Republik, Napoleon Bonaparte, diktierte den zerstrittenen Gruppierungen im Mai 1801 einen Kompromissvorschlag – aus dem Zentralstaat sollte ein Bundesstaat werden. Der Erfolg dieses Machtworts war jedoch gering. Der Streit ging weiter, bis Frankreich sich entschloss, seine Truppen im Juli 1802 zurückzuziehen. Kaum hatten die letzten Soldaten das Land verlassen, begannen erbitterte Aufstände gegen die Helvetische Regierung. Zürich zählte zu den Zentren des Widerstandes und wurde von helvetischen Truppen beschossen. Erst die Rückkehr der französischen Armee beendete den Bürgerkrieg. Napoleon löste Anfang 1803 die helvetische Republik im Rahmen der sogenannten Mediation auf. An ihre Stelle sollte ein von Frankreich abhängiger Staatenbund treten.

Der Meinungsmacher – Paul Usteri und die Neue Zürcher Zeitung

Zu jenen, die nach Frankreich zogen, um aus den Händen Bonapartes die neue eidgenössische Verfassung zu empfangen, gehörte der Zürcher Paul Usteri (1768–1831). Er konnte sich der Faszination des Kaisers kaum entziehen. Sein Auftreten sei ruhig und höflich gewesen. Entwaffnend offen habe er argumentiert und den Anwesenden vorgehalten, dass sich die Helvetische Republik nicht bewährt habe.

Für die Mehrheit derjenigen, die diese Botschaft entgegennahmen, war dies ein deprimierendes Urteil, hatten sie doch für den Einheitsstaat gestritten.

Paul Usteri (1768–1831). – Lithographie von Gottfried Engelmann nach Hans Jakob Oeri, um 1800.

Usteri hatte die Französische Revolution einst begrüsst und bis 1798 erbittert für eine Reform der Alten Eidgenossenschaft gestritten. Als dieses Vorhaben gescheitert war, stellte sich der junge Naturwissenschaftler in den Dienst der neuen Republik. Als Senator setzte er sich für vorsichtige Veränderungen ein. Eine entschädigungslose Abschaffung der Grundlasten lehnte er ebenso ab wie eine Lockerung des Zunftzwanges. In anderen Punkten zeigte sich Usteri demgegenüber als treuer Anhänger der neuen Zeit. In Fragen der Pressefreiheit schloss er keine Kompromisse. Zudem liess er keinen Zweifel daran, dass der Zentralstaat seiner Meinung nach die Antwort auf die Probleme der Zeit war. Der Spross einer Zürcher Kaufmannsfamilie kämpfte für einen einheitlichen Wirtschafts-, Währungs- und Entwicklungsraum. Katholische und reformierte, städtische und ländliche Eliten sollten in diesem Rahmen zu einem neuen Interessenausgleich kommen. Die Vorstellung, ein europäischer Staat könne nur entweder als Grossmacht oder als Konföderation von Zwergrepubliken überleben, lehnte Usteri ab. Seine helvetische Republik sollte sich als neutrale, friedliche aber gleichwohl zentral regierte Republik der Händler und Gelehrten profilieren. Mit der napoleonischen Mediationsverfassung schien dieser Traum endgültig ad acta gelegt zu sein. Doch der Zürcher zeigte sich als ein zäher Politiker, der die Klaviatur der Meinungsbildung beherrschte wie kaum ein anderer. Zugute kam ihm seine Herkunft. Die Familie war eng mit den städtischen Eliten verwandt und verschwägert. Auch war es Usteri selbst gelungen, schon während der Studienzeit Freundschaften zu späteren eidgenössischen Entscheidungsträgern zu knüpfen. Auf den wohl wichtigsten Plattformen des eidgenössischen Zusammentreffens – den wissenschaftlichen und patriotischen Gesellschaften – bewegte er sich geschmeidig. So bewahrten ihn seine ausgezeichneten Kontakte in den nun folgenden, bewegten Zeiten vor persönlichem Schiffbruch.

Nach kurzem Exil in Württemberg und kurz darauf in Luzern war er 1803 bereits wieder in politischen Ämtern zu finden. Usteri hatte sich bereiterklärt, für die neue Verfassung zu werben und war daraufhin in den Kleinen Rat der Stadt Zürich gewählt worden – eine Position, von der er sich nicht mehr verdrängen liess. Als sich 1813 der nächste Umbruch ankündigte, wurde er als Vermittler zwischen Landuntertanen und Bürgern gebraucht. Auch in der nun hereinbrechenden Zeit der Restauration erwies sich Usteri als unentbehrlich.

Er nutzte diese Position nicht nur, um eine Reihe von Reformprojekten durchzusetzen, sondern vor allem, um weiter für den Bundesstaat und die Idee der Rechtsgleichheit zu werben. Bereits während der Helvetik hatte er ein eigenes Blatt herausgegeben und verschiedene Artikel auch in anderen Zeitungen veröffentlicht. Der Meister der direkten Konversation und der kleinen Zirkel erwies sich zugleich als ein Virtuose des Publikationsgeschäfts. Hilflos mussten die alten Eliten beobachten, wie ihnen die Macht entglitt. Was immer sie beschlossen, was immer sie planten, es war am nächsten Morgen in der Zeitung zu lesen, meist mit einem bissigen Kommentar versehen. Dass Usteri der Informant und Schreiber war, daran bestand für Niemanden ein

Zweifel, und doch konnte man den hervorragend vernetzten Politiker nicht einfach seines Amtes entsetzen.

Zu einer besonders scharfen Waffe schmiedete der Wortführer der Schweizer Liberalen ein Organ, in dessen Redaktion er am 3. Juli 1821 eintrat. Die 1780 gegründete Neue Zürcher Zeitung befand sich zu diesem Zeitpunkt in einem denkbar schlechten Zustand. Von 2816 Abonnenten im Jahre 1813 waren 1820 noch 419 übriggeblieben. Dies sollte sich rasch ändern. Die Indiskretionen zu Interna der Schweizer Politik, die sich darin laufend wiederfanden, wurden mit ebensolchem Interesse wahrgenommen wie die Berichte über liberale Umbrüche im Ausland. Die Zensur, die offiziell immer weiter verschärft wurde, brachte Usteri dabei kaum in Verlegenheit. Notfalls wurden brisante Artikel eben in deutschen Blättern publiziert und dann in die Schweiz reimportiert.

Skandale, die berichtenswert erschienen, gab es mehr als genug. Die Träger der Restauration zeigten sich heftig zerstritten. Vor allem der sogenannte Gaunerprozess, der ab 1825 in Luzern und in Zürich (dort unter dem Namen „Kellerprozess") geführt wurde, geriet aus Sicht der Regierenden zu einem politischen Debakel. Einige als „Heimatlose" verhaftete Personen hatten im Herbst 1825 gestanden, den liberalen Luzerner Schultheissen Franz Xaver Keller auf Anstiftung von Angehörigen des Patriziats ermordet zu haben. Tatsächlich war Keller 1816 in alkoholisiertem Zustand ertrunken und es stellte sich nach langwierigen Ermittlungen heraus, dass die entsprechenden Geständnisse fiktiv waren. Immerhin legte das Verfahren schonungslos die Inkompetenz der Untersuchungsbehörden und gravierende Konflikte innerhalb der Luzerner Führungsschichten offen. Der Skandal blieb kein Einzelfall. Die Untersuchungen gegen den Zürcher General Hans Conrad Finsler, dem Bestechlichkeit im Amt vorgeworfen wurde, oder die Gerüchte um den Selbstmord des Staatsrats Johann Jakob Hirzel brachten das Restaurationsregime in Zürich zusätzlich ins Wanken.

Sein Sturz erschien immer wahrscheinlicher, als im Juli 1830 in Paris die Revolution ausbrach. Was in Frankreich geschah, wurde in der eidgenössischen Presse einmal mehr zum Anlass genommen, um über die eigenen Verhältnisse zu reflektieren.

Im Kanton Zürich schien die Zeit zum Wechsel reif zu sein. Hinter verschlossener Tür fanden hektische Verhandlungen über Verfassungsänderungen statt, während die liberalen Netzwerke den Prozess mehr und mehr beschleunigten. Ludwig Snell, ein Einwanderer aus Deutschland, entwarf ein Memorial, das am 22.November 1830 von etwa 10.000 Bürgern auf einer Volksversammlung in Uster angenommen wurde. Die Landbevölkerung forderte darin die Gleichstellung mit der Stadt und eine Revision der Verfassung im liberalen Sinne.

Der Rat gab nach. Zürich erhielt eine neue Staatsordnung und einen neuen Bürgermeister: Paul Usteri, der allerdings nach wenigen Monaten verstarb.

Der gescheiterte Staat? – Zürich und die Eidgenossenschaft um 1830

Die Verfassung vom 20. März 1831 kennzeichnete den fünften Umsturz der staatlichen Ordnung in Zürich seit 1798. Die meisten dieser konstitutionellen Volten waren von Protesten und auch von gewaltsamen Unruhen begleitet gewesen. Einige der Auseinandersetzungen innerhalb der Kantone – wie der Bockenkrieg von 1804 – mussten mit eidgenössischem Militär niedergeschlagen werden. Zweimal, 1802 und 1814, hatte das ganze Land unmittelbar vor einem Bürgerkrieg gestanden und nur durch äusseren Druck war es gelungen, dieses Szenario zu verhindern.

War die Schweiz ein gescheiterter Staat, der nur durch Interventionen der Grossmächte oder zumindest deren Androhung zu stabilisieren war? Napoleon hatte diese Meinung vertreten und die Eidgenossen 1803 davon in Kenntnis gesetzt, dass sie sich ohne fremde (wie er meinte französische) Hilfe nie vertragen würden. Die europäischen Fürsten des Wiener Kongresses hatten sich einige Jahre später kaum optimistischer gezeigt. Ob die völkerrechtliche Fixierung der ewigen Neutralität der Eidgenossenschaft die Situation beruhigen würde, war völlig offen.

Die Revolution von 1830 schien dem Schweizer Drama ein weiteres Kapitel hinzuzufügen, denn nur in einem Teil der Kantone war es den Liberalen gelungen, die Regierung zu übernehmen. Die Schweiz befand sich also einmal mehr in der Sackgasse.

Dieses Mal jedoch gelang es, die Eskalation zeitlich und regional zu begrenzen.

Ein Grund für diese Entwicklung lag darin, dass sich nach 1798 eine neue – eine nationale – Konfliktkultur in der Eidgenossenschaft entwickelt hatte. Katholische Anhänger der Landsgemeindedemokratie in Schwyz hatten sich etwa gezwungen gesehen, mit konservativen Patriziern in Bern zu kooperieren, um einen Zentralstaat zu verhindern. Umgekehrt gehörten zur liberalen Bewegung nicht nur protestantische sondern auch katholische Schweizer. Zum ersten Mal seit der Reformation fand eine Schichten übergreifende Kooperation zwischen Katholiken und Protestanten, zwischen Bauern und Bürgern statt.

Es waren äusserst harte Konflikte, die zwischen den politischen Lagern ausgetragen wurden – man ging polemisch zu Werke und versuchte, den jeweils anderen zu diskreditieren. Inhaltlich lagen die Positionen weit auseinander. Anhänger des Bundesstaates kämpften erbittert gegen die Restauratoren der alten Ordnung. In einem jedoch waren sich alle Seiten einig: Man stritt um die Gestalt der Schweiz, aber nicht um ihren Bestand.

Die Bildungsrevolution

Im Bereich des Schulwesens, so hatte der helvetische Bildungsminister Philipp Albert Stapfer (1766–1840) bereits unmittelbar nach der Revolution von 1798 erklärt, bedürfe es tiefgreifender Reformen. Um die neue Republik zu festigen, sei es notwendig, das Volk zum „Gefühl der Würde zu erheben" und es durch Unterricht „aus dem Zustand der Unwissenheit" zu befreien. Eine repräsentative Demokratie konnte, so seine Überzeugung, nur funktionieren, wenn das Wahlvolk zur freien Entscheidung befähigt worden war. Die helvetische Republik wurde indes von chronischer Geldknappheit geplagt und suchte daher eine preisgünstige Lösung für dieses Problem. Stapfer empfahl seinen Kollegen, den Zürcher Pädagogen Johann Heinrich Pestalozzi zu fördern. Der habe eine neue Methode gefunden, Kindern schnell und einfach das Lesen beizubringen. Die frohe Kunde wurde in den folgenden Jahren durch Gutachten, geschickt

lancierte Erlebnisberichte und publizistische Beiträge Pestalozzis ausgeschmückt und verbreitet. Ein pädagogischer Mythos
war geboren, der das Ende der Republik überleben sollte.
Das Bildungsversprechen des Jahres 1798 blieb uneingelöst.
Es blieb indes auch in den Jahren der Mediation und Restauration unvergessen.

„Herrliche Bildungstempel" – Zürichs neue Schulen

Die Schulen, die die neue Regierung Zürichs noch 1830 vor-
fand, befanden sich nach dem Urteil der Liberalen in einem
erbärmlichen Zustand. 41 Gemeinden des Kantons verfügten
über gar kein Schulhaus, Schulbücher waren kaum vorhanden,
die Lehrer schlecht bezahlt und noch schlechter ausgebildet.
Die Aufsicht über den Schulbetrieb oblag zudem nach wie vor
der Geistlichkeit, die andere Bildungsschwerpunkte setzte, als
dies den neuen Machthabern genehm war.

Diese richteten einen Erziehungsrat ein, dessen Mitglieder
auf seiner ersten Sitzung im Juli 1831 beschlossen, das Zürcher
Schulsystem auf allen Ebenen grundlegend zu verändern. Die
Reformen, die auf ihre Anregung hin bis zum Frühjahr 1833 in
verbindliche Gesetzesform gebracht wurden, sollten den Kanton mit einem Schlage an die Spitze der europäischen Bildungs-
landschaft katapultieren.

Das erste wichtige Reformwerk betraf die Volkschulen, die im
Herbst 1832 vollständig umstrukturiert wurden. Ihr Ziel sei es,
so erklärte der Gesetzestext, „die Kinder aller Volksclassen nach
übereinstimmenden Grundsätzen zu geistig thätigen, bürgerlich
brauchbaren und sittlich religiösen Menschen" zu bilden.

Künftig herrschte in Zürich für Kinder zwischen dem sechs-
ten und dem sechzehnten Lebensjahr Schulpflicht. In drei
Stufen hatten sie die Volksschulen zu besuchen, wobei die
letzte nur der Wiederholung diente. Wurde eine höhere Bildung angestrebt, so war statt des Eintritts in das Repetitorium
auch der Wechsel auf eine kantonale Schule (die Industrieschule
oder das Gymnasium) möglich.

Die Aufgabe der Schule bestand dabei nicht nur darin, die
geistigen Fähigkeiten des Schülers zu schärfen, sie sollte ihn

zugleich zu einem frommen Staatsbürger heranbilden. Die Schule, so die Hoffnung, knüpfte jenes unsichtbare Band, das den so heterogenen Kanton zusammenhalten konnte.

Scherr, die Schreckensgestalt

Eine zentrale Rolle innerhalb dieses Prozesses sollte die Lehrerschaft spielen. Bevor sie ihren Erziehungsauftrag erfüllen konnte, musste sie selbst entsprechend geformt werden. Als Direktor des Lehrerseminars fungierte Ignaz Thomas Scherr (1801–1870). Er gehörte zu der anschwellenden Gemeinde deutscher Liberaler, die in Zürich Zuflucht suchten und hofften, hier ihre Ideen umsetzen zu können. Für die altgedienten Kräfte der Zürcher Schullandschaft entwickelte sich der strenge Schwabe zu einer Schreckensgestalt. Scherr bestellte sie in das Seminar ein und prüfte ihr Wissen. In rund 75 Fällen endete dies mit einer Zwangspensionierung. Wer bleiben durfte, profitierte von einer deutlich verbesserten Bildungsinfrastruktur.

Im Kanton wurden 93 neue Schulhäuser gebaut, die die Liberalen als „herrliche Bildungstempel" priesen. Dies alles war nicht billig. Die Kosten für den Schulsektor stiegen zwischen 1834 und 1838 von 680.000 auf 1,4 Millionen Franken. Dass diese Investitionen indes gut angelegt waren, daran zweifelten nicht einmal die Kritiker. Zwar gab es beträchtlichen Unwillen vor allem der ärmeren Schichten, die auf Kinderarbeit nur schwer verzichten konnten, doch blieben die Proteste insgesamt eher gering. Schliesslich waren die Erfolge kaum zu leugnen. Schon in den 1840er-Jahren war der Bildungsstand bei Jungen und (vor allem) auch bei Mädchen so hoch wie in kaum einem anderen Land Europas.

Zudem war ein selbstbewusster und aufstiegsorientierter Lehrerstand entstanden, der wachsenden gesellschaftlichen Einfluss ausübte. Noch war der Beruf eine Männerdomäne. Wenngleich es in Zürich bereits 1774 eine höhere Töchterschule gab, beschränkte sich die Ausbildung der Mädchen auf standesgemässes Basiswissen. Dass Frauen auch als Lehrerinnen wirken könnten und dazu einer umfassenden höheren Ausbil-

Kantonales Lehrerseminar in Küsnacht. – Fotografie, um 1962.

dung bedurften, wurde in Zürich erstmals ab 1847 intensiv diskutiert. Josephine Stadler rief in diesem Jahr ein Lehrerinnenseminar ins Leben, das allerdings aufgrund heftiger Widerstände nach drei Jahren wieder geschlossen werden musste. Wenngleich Hinweise existieren, dass Lehrerinnen dennoch in den Primarschulen des Kantons beschäftigt wurden, erklärte das Lehrerkapitel des Bezirks Zürich erst 1873 offiziell seine Zustimmung zur Anstellung von Frauen im Lehrberuf. Am 6. Mai 1875 öffnete eine „Höhere Töchterschule" ihre Pforten, die junge Frauen auf den Lehrerinnenberuf vorbereiten sollte. Einem öffentlichen Gymnasium war diese Schule allerdings noch immer nicht gleichgestellt.

Die Universität

Bereits der Bildungsminister der helvetischen Republik hatte für die Idee einer Nationaluniversität geworben. Wie viele andere, so war auch dieses Projekt Stapfers nicht in die Realität umgesetzt worden, und doch entfaltete es erhebliche Wirkungen. Immer wieder wurde es in der Publizistik, aber auch auf der Tagsatzung zur Sprache gebracht. Was lag für die neue liberale Regierung in

Zürich näher, als diese Debatte in ihrem Sinne zu nutzen? Wenn die Stadt an der Limmat erst einmal eine moderne, renommierte Universität besass, war dies ein erster Schritt, um hier ein nationales Bildungszentrum aufzubauen.

Was die Kosten anging, so entschloss man sich, das Vermögen des Chorherrenstifts einzuziehen und es für eine Hochschulgründung zu nutzen. Am Ende stimmte im Grossen Rat eine überwältigende Mehrheit für die erste Neugründung einer Universität auf Schweizer Boden seit 1460. Eröffnet wurde sie im Frühjahr 1833. Die 139 Studenten verteilten sich auf die vier Fakultäten Theologie, Medizin, Philosophie und Jurisprudenz.

Was die Anwerbung der Professoren betraf, so gelang es Johann Caspar von Orelli (der die Gründung wesentlich mitbetrieben hatte), renommierte Köpfe zu gewinnen. Dies war angesichts der politischen Lage in Deutschland nicht sonderlich schwer. Liberale Geistesgrössen (wie etwa Georg Büchner) strömten nur so an die Limmat und die dortige Regierung empfing sie mit offenen Armen.

Die Stadt begann sich ein dezidiert liberales Profil zuzulegen, das auch städtebaulich seinen Niederschlag fand.

Ein Bollwerk wird geschleift – das Ende der Zürcher Stadtbefestigung

Der militärische Sinn der Zürcher Stadtbefestigung war schon 1755 vom Althistoriker und Schweizreisenden Edward Gibbon in Zweifel gezogen worden. Das Schanzenwerk schien in der Retrospektive nicht mehr zu sein als eine teure Machtdemonstration. Als isolierte Einzelfestung war sie nicht in der Lage, die Ostflanke der Schweiz zu decken. Feindliche Heere konnten einfach an ihr vorbeimarschieren und sie dann aushungern.

Die Epoche der grossen Festungen ging ohnehin ihrem Ende entgegen. Schweizer Verteidigungspolitiker rieten zum Ausbau der Landwehr, die darin ausgebildet sein müsse, die Geländevorteile des eigenen Landes flexibel zu nutzen. Auch bei inneren Unruhen, so erklärten Gutachter, seien die Festungsbauten wenig hilfreich. Revolutionen könne man nicht mit Mauern eindämmen.

Wenngleich konservative Politiker auch nach 1830 versuchten, eine Schleifung der Festungsmauern zu verhindern, schien ein solcher Schritt kaum noch vermeidbar.

In den hitzigen Debatten, die man sich über die Zukunft der Stadtbefestigung zwischen 1832 und 1833 lieferte, standen indes weniger die militärischen als die politischen Aspekte des Bauwerks im Vordergrund. Die Regierungsvorlage liess in diesem Punkte nichts an Deutlichkeit zu wünschen übrig. Es könne doch kein Zweifel daran bestehen, „dass in diesen todten Steinmassen Furcht und Hoffnung, Ahnungen und Erinnerungen leben" – Reminiszenzen an die alte Rechtsungleichheit zwischen Stadt und Land, vor allem an die städtischen Handelsprivilegien, aber auch an die Streitigkeiten und gewaltsamen Auseinandersetzungen zwischen beiden Seiten in den vergangenen Jahrzehnten. Die neue Gemeinschaft der Staatsbürger müsse daher auch sichtbar hergestellt werden. Mit dem Festungswerk solle auch das „Gespenst der Zwietracht" ausgetrieben werden.

Die Schleifung der Festungswerke sollte damit ein Symbol der neuen Ordnung sein. Sie sollte für Rechtsgleichheit und wirtschaftliches Wachstum stehen. Die Grenze zwischen Stadt und Land – auch die optische – sollte verschwinden. Beide sollten einander durchdringen und damit beispielhaft für die ganze Eidgenossenschaft sein.

Finanziert wurde dieses nach langen Debatten schliesslich umgesetzte Projekt durch den Verkauf der frei werdenden Grundstücke. Wer auf dem ehemaligen Festungsgelände bauen wollte, musste deren Beseitigung bezahlen.

Nur ein Teil der neuen Freiflächen blieb für die öffentliche Hand reserviert. Sie sollten später vor allem mit Bildungseinrichtungen bebaut werden. Die Errichtung einer Prunkstrasse, die ein weiteres Mal städtischen Reichtum und städtische Überlegenheit demonstriert hätte, unterblieb.

Zürich hatte ein Zeichen gesetzt. Die Stadt war bereit, sich zu öffnen.

Die Unvollendete –
Zürich in der Moderne

Der steinige Weg zur Musterrepublik

Die obere Brücke sei voller Menschen gewesen, die meisten von ihnen mit Knüppeln und anderen Gegenständen bewaffnet. „Dies ist der Tag, den Gott gemacht" hätten sie gesungen, als plötzlich Schüsse fielen. Von diesem Moment an, so der Bericht eines Augenzeugen, habe blankes Entsetzen geherrscht. Reiter hätten auf die Demonstranten eingeprügelt, Verwundete sich schreiend auf dem Platz gewälzt. Das Knallen der Büchsen, das Sturmgeläut der Glocken und das erschütternde Psalmensingen der Demonstranten habe sich wechselseitig überlagert. Es waren dramatische Szenen, die sich am 6. September 1839 in Zürich abspielten. Was der Rat noch Tage zuvor für undenkbar gehalten hatte, nun war es geschehen: Die Landbevölkerung hatte die Stadt gestürmt und die liberale Regierung verjagt.

Es war ein letzter Versuch, einen Regimewechsel mit Gewalt herbeizuführen. Anachronistisch erschien er bereits den Zeitgenossen, als eine kurze Störung der liberalen Blüte an der Limmat und damit als ein Rückfall in die Vormoderne. In mancher Hinsicht war er dies auch und doch war er mehr, denn er setzte eine Kette von Ereignissen in Gang, an deren Ende eine bewaffnete Konfrontation zwischen den liberalen und den konservativen Kantonen, der sogenannte Sonderbundskrieg, stand. Zugleich führte er zu einem Umdenken innerhalb der liberalen Bewegung und damit zu einer neuen Kompromissbereitschaft, die in der Verfassung von 1848 ihren Niederschlag fand. Am Anfang dieses tiefgreifenden Wandels stand der Streit um einen deutschen Professor.

„Meine verehrten Mitbürger und Mitbürgerinnen zu Stadt und Land, zürnet uns nicht länger, dass wir es dem Herrn Professor Strauss möglich gemacht, die ihm von Gott verliehene Gabe unter uns leuchten zu lassen, dass wir nicht diese unter den Scheffel, und die kleinere Gabe auf den Leuchter gestellt! Seid nicht böse, seid wieder gut!"

Bürgermeister Conrad Melchior Hirzels Schreiben „An meine Mitmenschen im Canton Zürich" vom 10. Februar 1839 war kaum dazu angetan, die Krise um den Theologen David Friedrich Strauss (1808–1874) beizulegen. Statt auf die Proteste einzugehen, gab sich der liberale Politiker als weiser Volkserzieher, der sich zu den Landgemeinden liebevoll herabbeugte. Die sanften Worte täuschten die Empfänger kaum über die bittere Botschaft hinweg, die das Schreiben enthielt: „Strauss kommt!"

Es stellte sich die Frage, warum die Kantonsregierung eine politische Krise riskierte, nur um auf den Lehrstuhl für Dagmatik und Kirchengeschichte einen Kandidaten zu platzieren, der auch an der Universität Zürich umstritten war.

Der so heftig attackierte Gelehrte hatte 1835 mit seinem Buch „Das Leben Jesu kritisch bearbeitet" für Furore gesorgt. Die Thesen des Tübinger Theologen wurden nun landauf landab im protestantischen Raum diskutiert. Wenngleich er kaum als Atheist zu bezeichnen war, hatte Strauss in seiner Schrift nur wenig vom traditionellen Christentum übrig gelassen. Er hatte die Evangelien textkritisch untersucht und war zu einem ernüchternden Ergebnis gekommen: Jesus war aus seiner Sicht ein Mensch wie jeder andere, dessen Lebensschicksal aufgrund der religiösen Erregung seiner Zeit mythisch überhöht worden sei. Gesicherte Fakten über ihn seien aus den Evangelien kaum abzuleiten, so Strauss, sie seien als historische Quellen äusserst unzuverlässig und spiegelten lediglich die Erwartungshaltung der Zeitgenossen wider. Mit dergleichen Aussagen war seine akademische Karriere in Deutschland zu Ende, bevor sie überhaupt begonnen hatte.

Für die liberale Regierung in Zürich schien er gerade deshalb ein idealer Kandidat für die eigene Universität zu sein. Die Gründe für diese Wahl wurden in den umfangreichen Debatten des Jahres 1839 ausführlich dargelegt. Hirzel und seine Anhänger stellten Strauss als einen Märtyrer der Freiheit und des wahren Christentums dar. In Deutschland werde Strauss verfolgt. Die dort herrschenden Monarchen verteidigten das religiöse Vorurteil. Der Platz einer von Vernunft geleiteten Theologie sei daher Zürich. Von hier müsse in gut zwinglianischer Tradition eine neue Reformation ausgehen.

1839: Der Züriputsch

Die Segnungen der liberalen Regierungen wurden 1839 zunehmend in Zweifel gezogen. Vor allem in der Landschaft, um deren Sympathien man intensiv geworben hatte, artikulierten die Bürger ihren Unwillen. Rechts-, Schul- und Wirtschaftsreformen hatten das Leben an den Ufern des Zürichsees nicht nur positiv verändert.

Die Abgabenlast hatte sich erhöht. Der neue Staat der Liberalen war teuer. Direkte Steuern waren zu entrichten, Schulgeld wurde erhoben, Bau- und Unterhaltsgebühren für die neuen kantonalen Strassen mussten gezahlt werden, und die Bauern hatten ihre alten Grundlasten abzulösen.

Während eine sich neu formierende, schmale Schicht von Unternehmern auf dem Lande wie in der Stadt aus den liberalen Reformen ökonomischen Nutzen zog, war das Einkommen der bäuerlichen Bevölkerung kaum gestiegen. Im Gegenteil, mit der schrittweise durchgesetzten Gewerbefreiheit (die 1838 schliesslich verfassungsrechtlich fixiert wurde), wurde das Landhandwerk vor erhebliche Probleme gestellt. Bisher geschützte Märkte wurden freigegeben. Neue Konkurrenten tauchten in den Dörfern auf, und der Beginn eines ruinösen Wettbewerbs deutete sich an. Der Textilsektor, der Arbeitssuchenden (vor allem im Bereich der Heimarbeit) bisher eine Perspektive gegeben hatte, befand sich ebenfalls in einer Krise – hier waren es Veränderungen der Produktionsmethoden und der Weltmarktstrukturen, die den Zürchern zu schaffen machten.

Fluchtbewegung über die Münsterbrücke am 6. September 1839. –
Anonymes Aquarell.

Gerade die Bewohner der Landschaft hatten hohe Erwartungen in die neue Regierung gesetzt. Sie hatten auf eine Stärkung
ihrer politischen Autonomie und ihrer wirtschaftlichen Prospe-
ritätschancen gehofft. Um 1839 zeigten sie sich enttäuscht und
reformmüde. Die Bauern wollten – so ein Zeitgenosse – zurück
zu einem Regime, das sie in Ruhe gelassen hatte. Als schliesslich
auch noch eine Finanzkrise und Fehlernten den Kanton trafen,
war die Lage zum Zerreissen gespannt.

Der Protest gegen Strauss gab den Unzufriedenen eine Richtung und ein Feindbild. Die Klage über diesen Antichristen und
Zerstörer des Christentums mobilisierte die Dorfgemeinschaft.
Protestgruppen formierten sich und ein Zentralkomitee wurde
gegründet.

Diese Vorgänge alarmierten ihrerseits die Liberalen, die eilig
ihren Beschluss zurückzogen und Strauss, noch bevor er seine
Lehrtätigkeit überhaupt aufgenommen hatte, zwangspensio-
nierten. Entgegen den Erwartungen der Regierung löste sich
das Zentralkomitee indes nicht auf – man hatte zu spät nachge-

geben. Neue Forderungen, die vor allem auf eine Ausweitung der Gemeindeautonomie abzielten, wurden vorgebracht. Die konservative Bewegung profilierte sich damit zunehmend als Verteidigerin der Landsgemeinden und genossenschaftlicher Grundprinzipien. Am 2. September schliesslich trafen sich die Anhänger der Bewegung in Kloten zu einer Grosskundgebung.

Gerüchte machten nunmehr die Runde, die Regierung denke darüber nach, befreundete Kantone um militärische Hilfe zu bitten. Als Pfarrer Bernhard Hirzel aus Pfäffikon am 5. September die Sturmglocken läuten liess, eilten die Bewohner seines Dorfes daher bereitwillig zu den Waffen. Ein Protestzug formierte sich, dem sich bald auch die Bewohner anderer Gemeinden anschlossen. Er war zwischen 1500 und 2000 Mann stark, als er am nächsten Morgen gegen 7 Uhr in Zürich eintraf. Zunächst blieb alles ruhig. Die Menschen sangen und die Soldaten zogen sich zurück. Erst als die Menge zu den Zeughäusern strömte, wurde Feuerbefehl gegeben. Vierzehn Menschen starben.

Für einen Moment herrschte Chaos. Weder die Regierung noch die Protestbewegung hielten die Zügel in der Hand. Weiteres Blutvergiessen schien unvermeidlich zu sein. In dieser Situation ergriff Stadtpräsident Karl Eduard Ziegler die Initiative. Der Oberst ausser Diensten hatte die Reformen der Liberalen mit Missfallen begleitet und nahm nun das Heft des Handelns in die Hand. Sein Befehl, die Glocken des Grossmünsters Sturm läuten zu lassen, gab den Ereignissen eine entscheidende Wendung. Die Bürgerwehr trat zusammen und begann auf Befehl Zieglers die Kämpfenden voneinander zu trennen. Die Demonstranten wurden zur Ordnung gerufen, die militärischen Befehlshaber der Kantonstruppen ausser Dienst gestellt. Schliesslich wurde eine neue provisorische Regierung gebildet.

Das Septemberregime und die Jesuitenangst

Das sogenannte „Septemberregime", das in Folge des Züriputsches an die Macht gelangt war, hatte von Beginn an einen schweren Stand. Zwar erhielt man in den Wahlen, die nun hektisch angesetzt wurden, eine Mehrheit, doch war diese äusserst heterogen. Viele der hier Gewählten vertraten eine konservativ-liberale Haltung und waren allenfalls zu moderaten Veränderungen der bisherigen Politik bereit. Die geschlagene liberale Partei erholte sich zudem erstaunlich rasch und setzte das „Septemberregime" publizistisch unter Druck.

Während die innenpolitische Lage sich für die neue Regierung damit schwierig gestaltete, schien sie auf eidgenössischer Bühne kaum Probleme befürchten zu müssen. Zum Zeitpunkt des Putsches hatte Zürich den Vorsitz auf der Tagsatzung inne. Die Gesandten der Kantone befanden sich in der Stadt und verfolgten die Ereignisse, die die politische Statik des Bundes erschütterten, mit eigenen Augen. Die bisher alles dominierende Allianz der sieben liberalen Kantone – das Siebenerkonkordat – war mit einem Schlage zerfallen. Die Konservativen begannen unter dem Eindruck der Zürcher Ereignisse in die Offensive zu gehen. 1841 gelang es ihnen, Luzern unter ihre Kontrolle zu bringen. Der wichtigste katholische Ort der Schweiz hatte die Fronten gewechselt.

Der konservative Erfolg in der Innerschweiz erwies sich indes rasch als Pyrrhussieg. Mit der Neuausrichtung Luzerns wurde eine Tendenz verstärkt, die seit Ende der 30er-Jahre zu beobachten war: Der politische Meinungsstreit wurde durch konfessionelle Polemiken angereichert. Als Feindbild par excellence diente den Liberalen der Jesuitenorden, der den Protestanten schon seit dem 16. Jahrhundert als Instrument der römischen Tyrannei galt. Luzerns Ankündigung, eben jenem Orden weitgehende Rechte im Erziehungswesen zuzugestehen, wurde mit Empörung und öffentlich zur Schau gestellter Gewaltbereitschaft quittiert. Man organisierte Freischarenzüge, die die Luzerner Vaterlandsverräter wieder verjagen sollten. Da an diesen Märschen auch Katholiken mitwirkten, konnten die Liberalen die Vorwürfe, sie trügen den Konfessionenhass wieder in die Schweiz, entrüstet zurückweisen. Die Ablehnung der Jesuiten, so ihre Beweisführung, richtete sich gegen päpstliche Bevormundung und die Unterwanderung des Staates, nicht aber gegen einen patriotisch gewendeten Katholizismus.

Wer das Jesuitenlied des jungen Gottfried Keller, der als Liberaler an den Freischarenzügen mitgewirkt hatte, las, mochte an solchen Aussagen Zweifel hegen:

> *O gutes Land, du schöne Braut,*
> *Du wirst dem Teufel angetraut!*
> *Ja weine nur, du armes Kind!*
> *Vom Gotthard weht ein schlimmer Wind:*
> *Sie kommen, die Jesuiten!*

Von Martin Disteli illustrierte Ausgabe des von Gottfried Keller verfassten Jesuitenlieds. – Beilage zur „Freien Schweiz", 1844.

Polemiken wie diese spielten mit fest verwurzelten antikatholischen Ressentiments, die vor allem in der Zürcher Landschaft weiterhin regen Anklang fanden. Der Erfolg sollte den Liberalen indes Recht geben. Die gemässigten Politiker im Grossrat wechselten, zermürbt von den Kampagnen der liberalen Presse, die Seiten und gaben 1845 den Weg frei zu einem erneuten Machtwechsel.

Der letzte Bürgerkrieg

Der erneute Regierungsantritt der Liberalen liess die konfessionellen Gegensätze stärker werden. Der Streit zwischen Konservativen und Liberalen war – anders als vor 1839 – nun in zunehmendem Masse auch ein Konflikt zwischen den Katholiken und Protestanten.

Im Dezember 1845 schlossen sich die fünf inneren Orte der Schweiz mit Freiburg und Wallis zu einem Sonderbund zusammen. Bei seiner Gründung wurde ausdrücklich an den alten Goldenen Bund von 1586 erinnert.

Die Radikalliberalen sahen ihre schlimmsten Befürchtungen bewahrheitet und forderten Konsequenzen. Der Sonderbund müsse aufgelöst werden. Und wenn dies mit friedlichen Mitteln nicht zu erreichen sei, so müsse man eben mit Gewalt vorgehen. Im Juli 1847 gelang es ihnen, eine Mehrheit der Kantone (unter ihnen auch das katholische Solothurn) für diese Haltung zu gewinnen.

Statt sich zu beugen, liess der Sonderbund mobil machen. Was nun begann, war der letzte Bürgerkrieg der Schweiz. Die eidgenössischen Mehrheitskantone führten ihn mit beeindruckender Effizienz. Unter der Führung von Guillaume-Henri Dufour (1787–1875), dem späteren Präsidenten des Internationalen Komitees vom Roten Kreuz, wurde der Gegner innerhalb von rund drei Wochen überrollt. Noch bevor einer der Grossmächte auch nur einen Finger für die konservativen Kantone rühren konnte, war der Krieg vorbei. Er hatte 104 Menschen das Leben gekostet – gemessen an den Zehntausenden von Toten der deutschen oder italienischen Einigungskriege ein eher geringer Blutzoll.

In Zürich wurde der Sieg als Genugtuung für die Niederlage von Kappel 1531 gefeiert – Oberst Ziegler brachte demonstrativ die Waffen Zwinglis, die die katholischen Orte seinerzeit erbeutet hatten, zurück in die Heimat. Abgesehen von solch symbolischen Triumphbekundungen blieb man zurückhaltend. Die Liberalen wollten sicherstellen, dass der alte Bundesvertrag vom 7. August 1815 reibungslos durch ein neues Regelwerk ersetzt werden konnte.

Die im Mai vorgelegte und am 12. September 1847 mehrheitlich ratifizierte Verfassung war denn auch in vielerlei Hinsicht ein Kompromisspapier. Die radikalen Liberalen hatten sich insofern durchgesetzt, als die Abgeordneten der ersten Kammer des Parlamentes, des Nationalrates, durch freie, geheime und gleiche Wahlen bestimmt wurden. Die gemässigten Liberalen konnten einen einheitlichen Wirtschaftsraum erstreiten und dem Bund die Zuständigkeiten im Bereich der Aussenpolitik zuweisen. Die Konservativen ihrerseits konnten weitreichende innere Befugnisse der Kantone in der Verfassung verankern. Die zweite Kammer des Parlaments, der Ständerat, fungierte dabei als ein Bollwerk des föderalen Prinzips. Darüber hinaus war der Verfassungstext hinreichend widersprüchlich, um den einzelnen politischen Richtungen Raum zur Weiterentwicklung zu geben.

Es war angesichts des politischen Kräfteverhältnisses in den Kantonen abzusehen, dass der neue Bundesstaat von liberalen Kräften dominiert werden würde und dass die Zürcher hier eine wichtige Rolle zu spielen hatten. Jonas Furrer, der Führer ihrer liberalen Bewegung, sollte in der Tat die Exekutive des Bundes, den Bundesrat, in den folgenden Jahren dominieren.

In einem anderen Punkt sollte die Limmatstadt allerdings eine herbe Niederlage erfahren. Der Bund brauchte eine Hauptstadt und die Zürcher Regierung sah ihre Heimatstadt als die selbstverständliche Wahl an. Doch hier trug Bern, das seine verkehrsgünstige Lage betonte, den Sieg davon. Zürich könne – so liess man unter der Hand wissen – im Gegenzug zum Sitz einer eidgenössischen Universität werden. Die Stadt war gegenüber konkurrierenden Metropolen offenbar in Rückstand geraten. Es war an der Zeit, ihn aufzuholen.

Die Stadt des Eisenbahnkönigs –
Alfred Escher und die Folgen

„Au Du mis Züri" – Alfred Escher, so wurde später berichtet, habe sich die Hand vor die Stirn gehalten und sich wutstampfend am Tisch festgehalten, als ihn die Nachricht erreichte. Wenn das Ergebnis der Abstimmung feststehe, so hatte er mitgeteilt, wolle er verständigt werden. Man könne ihn Tag und Nacht erreichen. Es ging um seine Reputation, seinen Einfluss, sein Lebenswerk. Das Volk von Zürich hatte am 19. Mai 1878 darüber abzustimmen, ob das Jahrhundertprojekt, das er zeitweise fast im Alleingang vorangetrieben hatte, zusätzliche Finanzierungsmittel erhalten sollte. Der Bau des Gotthardtunnels stand zur Disposition. Zürich, sein Zürich, lehnte ab. Die Niederlage war ein politischer Dolchstoss für den mächtigsten Mann der Stadt. Der Bau am Gotthard wurde zwar trotz dieses Rückschlages weitergeführt. Escher jedoch war ein geschlagener Mann.

In der Blütezeit seines Einflusses hatte man ihn als Eisenbahnkönig, als Bundesbaron oder als Zar von Zürich bezeichnet. Dass er sich im Augenblick des Scheiterns mit dem von Dolchstössen zerfetzten Caesar verglichen haben soll, war bemerkenswert. Das von Mythen umrankte Leben des Finanztycoons wurde mit dieser Anspielung noch einmal motivisch verdichtet. Gleich, ob Escher tatsächlich die Worte des sterbenden römischen Staatsmannes zitiert hatte oder nicht, für die Zeitgenossen schien dies plausibel zu sein. Die wirtschaftliche und politische Aufholjagd, die die Schweiz zwischen 1848 und 1880 vollzog, wurde zu einem wesentlichen Teil als das Werk dieses tatkräftigen Mannes wahrgenommen. Escher hatte sich über bisher geltende Regeln hinweggesetzt. Dies machte ihn stark und effizient. Es machte ihn aber auch gefährlich für eine Republik, deren Bürger von ihrer Elite massvolles Handeln erwarteten.

In der Stadt, die sich gern als neues Rom stilisierte, wurde der Figur des jüngeren Brutus seit den Zeiten der Reformation ein ehrendes Andenken bewahrt. Dass in einer Zeit, in der ein neuer Caesar zu erstehen schien, die Stadt als Ganze die Rolle des ihn mordenden Freundes einnahm, entsprach der Logik des Zürcher Selbstbildes. Um der Freiheit willen hatte man den geliebten Staatsmann vernichtet. Die Pflicht gegenüber dem Vaterland besass Vorrang gegenüber persönlichen Neigungen. So liess sich noch aus dem Sturz Eschers ein Ruhmeskranz für die Limmatstadt flechten.

Vor dem Fall stand indes ein atemberaubender Aufstieg. Escher war das Symbol des wirtschaftlichen Strukturwandels. Er hatte ihn vorangetrieben und mitgestaltet. Er stand für seine Erfolge und seine sozialen Unwägbarkeiten. Der Eisenbahn-könig war für seine Zeitgenossen die fleischgewordene industrielle Revolution. Er faszinierte und erschreckte sie.

Strassen, Fabriken, Dampfmaschinen – Vorgeschichte einer Revolution

Als Alfred Escher 1844 erstmals als Zürcher Grossrat tätig wurde, befand sich die Stadt bereits mitten in einem wirtschaftlichen und sozialen Umstrukturierungsprozess.

Die Stadtgemeinde Zürich besass noch immer um die 10.000 Einwohner. Doch diese Stabilität täuschte. In den Vororten hatte ein starkes Bevölkerungswachstum eingesetzt. Insgesamt lebten im Bezirk Zürich, der in etwa deckungsgleich mit der Agglomeration war, zu dieser Zeit etwa 41.000 Menschen. Der Ballungsraum Zürich war damit der grösste innerhalb der Schweiz. Stadt und Land waren nur noch juristisch klar zu trennen. Baulich, sozial und wirtschaftlich war diese Grenze kaum zu fassen.

Fabriken begannen die Heimarbeit zu verdrängen. Vor allem der Siegeszug der mechanischen Webstühle bedeutete für die Landbevölkerung des Kantons eine Zäsur. Versuche, der Entwicklung auch gewaltsam entgegenzutreten, scheiterten am Preisdruck des Auslandes. Als in den 40er Jahren die Preise für weisse Baumwolle (das Kattun) auf einen Tiefstand sanken, sahen auch die Zürcher Produzenten keine andere Wahl, als den Weg der Modernisierung zu beschreiten. Bereits 1856 waren 2600 der neuen mechanischen Webstühle im Kanton Zürich in Betrieb.

Schaulustige auf einer Brücke, fasziniert von der Dynamik der Dampfschifffahrt.

Die daraufhin steigende Zahl der Erwerbslosen drückte die Löhne und erleichterte weitere Industrieansiedlungen. Zürich wurde ein wichtiges Zentrum für die Maschinenbauindustrie, aber auch für die Druckindustrie und Buchherstellung.

Es war eine neue Elite, die diese Entwicklung vorantrieb. Die ehemaligen Ehrbarkeiten der Landschaft begannen an ökonomischer Macht zu gewinnen. Aber auch Teile der alten Zürcher Kaufmannschaft beteiligten sich finanziell am Strukturwandel.

Voraussetzung für den Erfolg war indes eine bessere Anbindung der Stadt an die europäischen Verkehrswege. Nur solche Waren konnten zu einem akzeptablen Preis verkauft werden, die kostengünstig vom Produktionsort zum Absatzmarkt transportiert wurden. Die Zukunft des Produktionsstandortes Zürich hing damit ganz wesentlich davon ab, dass die Verkehrsinfrastruktur von Stadt und Kanton dem europäischen Standard entsprach.

Die liberale Regierung hatte den Strassenbau ab 1833 in nie dagewesenem Masse gefördert. Rund ein Viertel der gesamten Staatsausgaben floss in diesen Bereich. Der Verkehrssektor verschlang damit doppelt so viel Mittel wie das ebenfalls kostspielige Erziehungswesen. Die neuen gepflasterten Strassen waren belastbarer als ihre Vorläufer und vor allem witterungsbeständig. Die Bewegung im Raum wurde berechenbar und konnte daher verstetigt werden. Für Unternehmer bedeutete dies eine deutliche Reduktion von Investitionsrisiken.

Die weisse Flotte

Wichtig für die Entwicklung der Zürcher Wirtschaft war auch ein neues Transportmittel, das den Verkehr auf den Wasserstrassen revolutionierte. Als am 19. Juli 1835 der Raddampfer „Minerva" seinen Betrieb auf dem Zürichsee aufnahm, war der Erfolg noch ungewiss. Die Schiffsleute betraten das dampfende Ungetüm nur unter Protest und warnten potentielle Passagiere vor den Gefahren der Fahrt. Das Misstrauen legte sich allerdings rasch. Die Nachfrage gab den Betreibern Recht – die Minerva war schnell und zuverlässig. Neue Linien wurden eingerichtet. Während das erste Dampfschiff noch ein englisches Produkt war, das unter abenteuerlichen Bedingungen nach Zürich transportiert wurde, stammte der Rest der stolzen weissen Flotte aus Zürich. Die Escher Wyss AG nutzte das technologische Wissen, das man aus dem Zusammenbau der „Minerva" gewonnen hatte, um selbst als erfolgreicher Produzent in Erscheinung zu treten. Bis 1875 sollte die Firma 284 Dampfschiffe bauen. Einige von ihnen wurden bis in das Amazonasgebiet exportiert.

Die im Auftrag von Heinrich Escher in den Jahren 1828–1831 gebaute Villa „Belvoir", die später zum Wohnort seines Sohnes Alfred Escher wurde.

Der Erfolg der Dampfschifffahrt liess die kantonalen Eliten verstärkt über weitere Investitionen in innovative Verkehrstechnologien nachdenken. In England, Frankreich, den Vereinigten Staaten und selbst in Deutschland hatte die Eisenbahn eine steigende wirtschaftliche Bedeutung erlangt. In der Eidgenossenschaft liess der Boom noch auf sich warten. Die erste Bahnlinie – zwischen Zürich und Baden – wurde erst 1847 eingerichtet. Zu diesem Zeitpunkt besass das kleine Belgien bereits ein ganzes Eisenbahnnetz. Belgien war allerdings seit 1830 ein selbstständiger Staat, der durch aktive Verkehrs- und Industriepolitik versuchte, den nationalen Zusammenhalt zu stärken.

In der Schweiz dagegen konnten Verkehrsprojekte, die die Kantonsgrenzen überschritten, wie z. B. die Linthkorrektion, erst nach jahrelangen Verhandlungen verwirklicht werden. Versuche, den Eisenbahnbau in der Schweiz zu fördern, hatten sich als ähnlich schwierig erwiesen, da die beteiligten Orte fürchteten, durch ungünstige Streckenführungen benachteiligt zu werden.

Als 1848 der Bundesstaat gegründet wurde, bestand daher erheblicher Nachholbedarf. Die Eliten des Landes, allen voran die Züricher, drängten auf einen Anschluss an das europäische Bahnnetz. Vorbereitet war man auf einen solchen Schritt durchaus. Sowohl wirtschaftlich als auch infrastrukturell hatte der Kanton seit 1798 erhebliche Fortschritte gemacht und brauchte daher nicht zu fürchten, durch einen Bahnbau von der ausländischen Konkurrenz überrollt zu werden.

Gründerzeit – der Aufstieg eines Tycoons

Als Heinrich Escher das direkt am Zürichsee gelegene Wyssbühel im Jahre 1826 kaufte, hatte sich die kleine Gemeinde Enge bereits zu einem attraktiven Standort für vornehme Wohnsitze entwickelt. Hier vor den Toren der Stadt war es möglich, Reichtum zur Schau zu stellen und ein nahezu aristokratisches Profil zu entwickeln. Der Kaufmann, der in Amerika ein Vermögen gemacht hatte, nutzte dies und liess am Seeufer ein Gebäude in hochklassizistischem Stil errichten. Gut und Garten des neuen Landgutes Belvoir bildeten eine beeindruckende Bühne für eine Familie, die mit Selbstbewusstsein nach Zürich zurückgekehrt war.

Ein solcher Neubeginn war notwendig, hatte doch Heinrichs Vater, Hans Caspar, einen der grössten Konkurse der Zürcher Finanzgeschichte verschuldet und daraufhin seine Vaterstadt in Unehren verlassen. Sein Sohn, der Rückkehrer, lehnte jegliche moralische oder gar finanzielle Haftung für die Taten seines Vaters ab. Damit machte er sich in den Kreisen der alten Familien, die einen Akt der Wiedergutmachung erwarteten, nur wenige Freunde. In den Augen der Aufsteiger, der neuen liberalen Unternehmer, die selbst um Anerkennung rangen, schätzte man indes Eschers ausdrückliche Betonung der individuellen Leistung. Auch sie waren darauf bedacht, den eigenen Wurzeln nicht zu viel Beachtung zu schenken.

Heinrichs Sohn, Alfred Escher, wuchs damit als ein natürliches Bindeglied zwischen dem alten und dem neuen Zürich auf. Das liebliche Belvoir mit seinem grandiosen Ausblick auf die Glarner Alpen sollte unter ihm Ausgangspunkt für grosse wirtschaftliche Umwälzungen im Kanton Zürich werden. Von hier aus wurden Millionen bewegt, Landschaften verändert, Interessen ausgeglichen. Hier wurden Eliten miteinander versöhnt und nationale Allianzen geschmiedet. Heinrich Escher hatte seinen Sohn auf diese Aufgabe durch eine kostspielige Ausbildung vorbereitet.

Gespür und Geschick

Vor dem Besuch des Obergymnasiums hatte Alfred Privatunterricht erhalten und nach der Matura die Universitäten in Berlin und Bonn besucht. Promoviert hatte er 1842 in Zürich bei Friedrich Ludwig Keller, dem führenden Liberalen der Stadt. In dieser Zeit begann Escher seine eigenen Netzwerke zu knüpfen. Er gehörte zur liberalen Studentenverbindung Zofingia und sollte die Freundschaften, die hier entstanden, sein Leben lang pflegen.

Als er mit 25 Jahren Grossrat wurde, sah es so aus, als wäre seine weitere Karriere vorgezeichnet – Alfred Escher schien der Prototyp des politischen Juristen zu sein, der seine Erfüllung im Staatsdienst suchte. Sein Gespür für richtige Bekanntschaften und sein ungewöhnlicher Fleiss zahlten sich rasch aus. Staatsschreiber, Regierungsrat, Bürgermeister, Tagsatzungsgesandter, Präsident des Nationalrates – auf diese stolze Liste von Ämtern konnte der begüterte junge Mann schon zurückblicken, als er gerade einmal 30 Jahre alt war. Aufgefallen war er durch Geschick und Loyalität, aber kaum durch Originalität. Dies sollte so bleiben – Esprit war nicht seine Sache.

Dafür besass er einen kühlen Blick für Strukturprobleme. Nichts würde die zukünftige Gestalt der Schweiz so verändern wie der Eisenbahnbau, davon war er fest überzeugt. Die Gefahr, dass Basel und Bern die Linienführung nach eigenem Vorteil gestalteten, liess sich kaum leugnen. Wenn Zürich nicht an die Peripherie abgedrängt werden sollte, musste man handeln.

Gemeinsam mit Bundesrat Jonas Furrer setzte Alfred Escher zu einer liberalen Grossoffensive an. Die Zürcher Allianz setzte 1852 durch, dass die Eisenbahn durch private Unternehmen und nicht etwa in der Regie des Staates gebaut wurde. Nun galt es schnell zu handeln. Escher gründete 1853 die Nordostbahn, die ungeachtet harter Konkurrenz zu einem der führenden Bahnunternehmen der Schweiz wurde. Bis 1859 besass sie ein Stammnetz von insgesamt 180 km. Die Verbindung zum Bodensee und zum Rhein war hergestellt. Mehr noch, da die rivalisierenden Unternehmen ihre Bahnnetze miteinander verbanden, konnten ihre Fahrgäste schon um 1860 mehr als 1000 km Bahnstrecke in der Schweiz nutzen. Die Zürcher Exportindustrie besass damit ihr Tor zur Welt und war – auch im Vergleich zur eidgenössischen Konkurrenz – verkehrstechnisch hervorragend positioniert.

Der Kapitalbedarf der Bauprojekte war enorm und das Interesse ausländischer Banken, sich an diesem Geschäft zu beteiligen und es in eigenem Sinne zu gestalten, beträchtlich. Der Anstoss, dem entgegenzuwirken und den eigenen Finanzplatz zu stärken, kam aus Sachsen. Dort hatte der schweizerische Generalkonsul, der zugleich stellvertretender Vorsitzender der Allgemeinen Deutschen Kreditanstalt war, sein Unternehmen 1856 für Investitionen in der Schweiz zu begeistern versucht. Die Leitung stimmte zu und beschloss, in Zürich ein Filiale zu eröffnen.

Escher reagierte rasch. Wenige Wochen nach der Leipziger Entscheidung gab er die Gründung der Schweizer Kreditanstalt

Das zwischen 1858 und 1864 nach Plänen von Gottfried Semper errichtete Hauptgebäude der Eidgenössischen polytechnischen Schule, ab 1911 zur ETH aufgewertet. Zwischen 1915 und 1924 wurden durch Gustav Gull erhebliche Umbauten vorgenommen.

bekannt und lud die Sachsen ein, sich daran zu beteiligen. Diese waren einverstanden. Die neue Industriebank, die heute als Credit Suisse zu den grössten Finanzunternehmen weltweit gehört, orientierte sich an dem Vorbild der Crédit Mobilier in Frankreich. Das Ziel des Unternehmens bestand darin, Grossprojekte zu finanzieren. Der Aktienbesitz wurde möglichst breit gestreut und vor allem deutsche Investoren waren Escher willkommen. Ihm standen damit die Mittel zur Verfügung, die wirtschaftliche Infrastruktur des Kantons, ja, der ganzen Eidgenossenschaft mitzugestalten.

Glanz und Elend des Systems Escher

Der Erfolg des Industriemagnaten Alfred Escher war ohne seine politischen Kontakte nicht denkbar. Sein immer wieder geäussertes Credo, der Staat möge sich aus der Wirtschaft heraushalten, hinderte ihn nicht, staatliche Unterstützung bei jeder sich bietenden Gelegenheit zu nutzen. So konnte er 1855 die Einrichtung des Eidgenössischen Polytechnikums (heute: ETH) in Zürich durchsetzen. Die künftige Ingenieurselite, die er für den Bahnbau händeringend brauchte, wurde damit auf Staatskosten unmittelbar vor der Haustür ausgebildet.

Wie eng Politik und Wirtschaft miteinander verzahnt waren, zeigte sich auch an der Ämterhäufung des Mannes, der seinen Zeitgenossen zunehmend unheimlich wurde. Escher war nicht nur in leitender Position in der Nordostbahn, der Schweizerischen Kreditanstalt (die 1997 in der Credit Suisse aufging), der Schweizerischen Lebensversicherungs- und Rentenanstalt (die seit 2004 unter dem Namen Swiss Life firmiert) und der Gotthardbahn tätig. Er war von 1848 bis zu seinem Tode Mitglied des Nationalrates und amtierte dreimal als dessen Präsident. Dem Grossrat (später: Kantonsrat) des Kantons Zürich gehörte er von 1844 bis 1882 an, dem Schulrat als Vizepräsident zwischen 1854 bis 1882.

Seine Freunde pflegte er in der Mittwochsgesellschaft zusammenzuführen. Sie tagte auf Belvoir und entschied über alle wesentlichen Belange der Stadt, des Kantons und der Eidgenossenschaft. Herrisch sei sein Auftreten gewesen, so berichteten

Augenzeugen. Mancher empfand den Besuch bei Escher eher wie eine Befehlsausgabe. Wenn die politischen Gremien zusammentraten, so hatten sie oft nicht mehr viel zu tun. Der rastlose Netzwerker hatte schon die Weichen in seinem Sinne gestellt.

Dieses Verhalten provozierte Widerstand. Das Spektrum seiner Kritiker reichte von der Arbeiterschaft bis zu den Führern der Katholisch-Konservativen in der Innerschweiz. In Zürich sammelten sich die Unzufriedenen in der Demokratischen Partei, die Reformen forderte: Der Dominanz Eschers könne nur durch plebiszitäre Elemente Einhalt geboten werden. Gegen dessen erbitterten Widerstand wurden die entsprechenden, für die ganze Eidgenossenschaft wegweisenden Bestimmungen 1869 in eine neue Kantonsverfassung aufgenommen. Es war die Abenddämmerung des Systems Escher, nicht aber sein Ende.

Die eidgenössische Regierung suchte händeringend nach einer Person, die ein ebenso riskantes wie unverzichtbares Projekt realisieren sollte. Es ging um die Gotthardbahn. Sollte die Schweiz das bevorzugte europäische Transitland bleiben, so musste eine Alpenüberquerung mit Hilfe der Eisenbahn möglich sein. Österreich machte hier erhebliche Fortschritte und setzte die Schweiz damit unter Zugzwang. Bundesrat Welti, der neue starke Mann der eidgenössischen Politik, bat Escher, die Aufgabe zu übernehmen. Mit grossem Geschick gelang es diesem, Deutschland und Italien in das Projekt zu integrieren, den Streckenverlauf festzulegen, die Finanzierung zu sichern, geeignete Planer und Baufirmen zu bestimmen. Einen sicheren Finanzierungsplan vorzulegen, galt aufgrund der natürlichen Unwägbarkeiten als so gut wie unmöglich. Als die unvermeidlichen Mehrkosten bekannt gegeben wurden und man zusätzliche Mittel verlangte, sass Escher in der Falle. Freund und Feind hatten ein Mittel gefunden, den lästigen Unternehmer endgültig ins Abseits zu schieben. Escher verband die Abstimmungen über die Zusatzmittel mit seiner Zukunft und verlor. Der Bau war indes bereits so weit vorangeschritten, dass man den finanziellen Engpass nach Eschers Rücktritt beseitigen konnte. Als der Gotthardtunnel schliesslich 1882 eröffnet wurde, würdigte man ihn nicht eines einzigen Wortes.

Die Geburt einer Weltstadt

Angeschlossen an die europäischen Schienennetze verlor die Stadt ihre Grenzen, wurde offen für rasch eintreffende und wieder verschwindende Gäste: für Eliten, die, kaum hier, schon wieder fort waren, oder für solche, die verweilten, ohne sich dauerhaft zu binden. Das brachte Anforderungen an das Stadtbild mit sich. Die mobile Gesellschaft des 19. Jahrhunderts verlangte nach austauschbaren urbanen Raumstrukturen. Die zentralen Punkte der Stadt mussten rasch erreichbar und Orientierung musste problemlos möglich sein. Gesichtslos durfte die Metropole an der Limmat dennoch nicht sein. Sie stand in einem europäischen Wettbewerb und musste daher dem Neuankömmling rasch ihre Einzigartigkeit vor Augen führen.

Der neue Zürcher Hauptbahnhof, der 1871 an die Stelle des älteren Gebäudes trat, war ein Beispiel dafür, wie dies gelingen konnte. Der lichte Tempel der Technik, für den der Stuttgarter Jakob Friedrich Wanner verantwortlich zeichnete, ersetzte ein vergleichsweise bescheidenes Gebäude aus dem Jahre 1847.

Zeugnisse bürgerlichen Selbstbewusstseins

Dieser erste Zürcher Bahnhof war noch an der damaligen Peripherie der Stadt entstanden. Es hatte lange Verhandlungen darüber gegeben, ob nicht ein neuer Standort geeigneter wäre. Angesichts der steigenden Bedeutung des Transportmittels schien ein Bahnhofsgebäude in der Innenstadt eine adäquate Lösung zu sein. Die geplanten Massnahmen erwiesen sich indes als politisch nicht durchsetzbar. Man entschied sich daher für einen Neubau an gleicher Stelle. Dies hatte für die Stadt weitreichende Folgen. Da der Bahnhof nicht an die Innenstadt heranrückte, verschob sich stattdessen die Lage des Stadtzentrums. Neue Prachtstrassen und Plätze entstanden am alten Stadtrand, während die Altstadt an Bedeutung verlor und teilweise sogar Verfallserscheinungen zeigte.

Bereits die schiere Grösse des neu errichteten Tores zur Welt zeigte den Willen der Bauherren, die Bedeutung des Verkehrsknotenpunktes Zürich zu unterstreichen. Die Haupthalle des

Bau der Halle des Hauptbahnhofs Zürich. – Fotografie, 1870.

Bahnhofes war mit 43 Metern Breite und 169 Metern Länge
die grösste der Schweiz und eine der grössten Europas.

Dieses gewaltige Haus der Maschinen und rasend schnellen
Transportmittel war zweifellos ein Behältnis des Neuen und
Fremden. Nicht umsonst bediente sich der Architekt der Stil-
mittel der Neorenaissance. Kühnheit, Genie und der Versuch,
die Natur zu beherrschen, wurden Mitte des 19. Jahrhunderts
mit dieser Epoche in Verbindung gebracht. Der Basler Historiker Jacob Burckhardt glaubte im Italien des 15. Jahrhunderts die Wurzeln der grossartigen und zugleich düsteren
Moderne zu erkennen. Die Nachahmung der Bauweise dieser
Zeit signalisierte somit jugendlichen Neubeginn, Bewusstsein
historischer Kontinuität und ein Bekenntnis zu bürgerlichem
Selbstbewusstsein. Hier, so die Botschaft des Bauherrn, erhob
sich ein neues Florenz, das antrat, das Dunkel der Zeit zu
überwinden.

Das Portal des Gebäudes wurde ganz in diesem Sinne als
Triumphbogen gestaltet. Der einzelne Fahrgast wurde damit

148

zum bürgerlichen Helden stilisiert, zum Teil einer Bewegung, die die Welt zivilisierte.

Wer das stolze Gebäude auf diesem Wege verliess, betrat die zwischen 1864 und 1865 erbaute Bahnhofstrasse. Sie führte auf einer Länge von 1,4 Kilometern gesäumt von modernen Gaslaternen vom Hauptbahnhof direkt an das Seeufer und stand auf dem ehemaligen Wassergraben der Stadtbefestigung (dem Fröschegraben). St. Peter und das Fraumünster konnten über die Bahnhofstrasse ebenso bequem erreicht werden wie der Villenvorort Enge. Vor allem aber wurde die Bahnhofstrasse am Neumarkt (heute Paradeplatz) vorbeigeführt, der seit den 1830er-Jahren beständig an Bedeutung gewonnen hatte.

Der Paradeplatz

1838 hatte hier das vornehme Hotel Baur eröffnet, das 1844 ein zweites Haus am See baute – für Gäste, die inkognito absteigen wollten. Die Konditorei Sprüngli hatte sich 1859 am Platz angesiedelt und auch die Kantonspost mit ihrem Postkutschendienst

Seit 1873 hat die von Alfred Escher 1856 gegründete Schweizerische Kreditanstalt (heute: Credit Suisse) ihren Sitz am Paradeplatz. – Fotografie, 1893.

befand sich in unmittelbarer Nähe. Der Paradeplatz war damit ein pulsierendes Forum, auf dem sich Gäste und Einheimische trafen: ein Verkehrs- und Informationszentrum par excellence. Er bildete die ideale Geschäftsadresse einer international agierenden Bank wie der Schweizerischen Kreditanstalt, die hier zwischen 1873 und 1876 ihren repräsentativen Hauptsitz errichten liess. In ihrer Nähe siedelte sich 1870 die Zürcher Kantonalbank an, ihr folgten 1890 die Kollektivgesellschaft Hirschhorn und Grob (heute: Bank Julius Bär) sowie zwischen 1897 und 1899 der Schweizerische Bankverein (heute: UBS).

Auf kleinem Raum zeigte Zürich Reichtum, Stil und Einfluss. Bahnhöfe und Bahnhofstrassen gab es viele. Die Grösse des Zürcher Bahnhofs und die Finanzkraft der an der Bahnhofstrasse ansässigen Unternehmen suchten jedoch ihresgleichen. In einem Europa der vernetzten Zentren konnte die kleine Kantonshauptstadt nicht mit politischer Macht werben, wohl aber mit wirtschaftlicher Kompetenz, einer einzigartigen Verkehrslage und dem Angebot ebenso eleganter wie verschwiegener Foren des Austausches. Hinzu kamen steingewordene Nachweise der kulturellen Ausstrahlung einer Stadt, die sich seit Mitte des 19. Jahrhunderts zu weit mehr als nur einem Bankenzentrum entwickelt hatte.

Geld und Kultur

Die Zeiten, in denen die Stadt allein durch Bibliotheken, gelehrte Gesellschaften und öffentliche Vorträge auf sich aufmerksam machte, waren vorbei. Man hatte sich dem Theater geöffnet und 1834 – bislang für Zürich undenkbar – ein Schauspielhaus eingerichtet. 1867 wurde das Kornhaus zu einer Tonhalle umgebaut, die vom musikverliebten Publikum eifrig frequentiert wurde. Die neuen Musentempel residierten allerdings in umgewidmeten Altbauten.

Noch fehlten der Stadt sichtbare, steinerne Zeichen ihrer Kulturblüte. Es sollte die Aufgabe des sächsischen Emigranten Gottfried Semper werden, hier Abhilfe zu schaffen. Sein zwischen 1859 und 1864 errichtetes Polytechnikum thronte

Das 1891 eröffnete Stadttheater. – Fotografie, um 1893.

gleich einem Bildungspalast weithin sichtbar über der Stadt, beherbergte neben der späteren ETH zunächst auch die Universität und war im Stile der Neorenaissance gestaltet. Es war ein leichtes und doch majestätisches Bauwerk, das dem Besucher der Stadt deren Bedeutung als Bildungshochburg vor Augen stellte und stilbildend für die kommenden Jahrzehnte wirken sollte.

Bis Ende des 19. Jahrhunderts sollten in der Tat weitere architektonische Akzente gesetzt werden, die Zürichs Anspruch, das Kulturzentrum der Schweiz zu sein, verdeutlichten. Sie entstanden entlang der kostspielig umgebauten Quaianlagen und der Uferpromenade, die die Stadt zum Wasser hin öffnet. Das Stadttheater von 1891 war hier zu nennen, aber auch die neue Tonhalle von 1893, die als eines der besten Konzerthäuser der Welt galt.

Zürich war damit international attraktiv geworden. Sein städtischer Raum entsprach den Erwartungen einer mobilen, europäischen Elite – auch und gerade weil es gelungen war, traditionelle Standortvorteile (im Finanz- und Bildungssektor) zu betonen und baulich in den Vordergrund zu stellen.

151

Tod in Zürich – eine globale Seuche und ihre Folgen

Professor Hermann Lebert liess in seinem Vortrag über die Cholera im Sommersemester 1854 keinen Zweifel daran, dass diese Krankheit, von der man bisher nur in Zeitungen gelesen hatte, bald auch die Ufer der Limmat erreichen würde. Man möge sich keinen Illusionen hingeben. Die asiatische Seuche habe Flüsse und Gebirgszüge überschritten, sie sei von Kontinent zu Kontinent gezogen. Nichts und niemand könne ihr momentan Einhalt gebieten. Dass der Alpenraum bisher von ihr nicht betroffen worden war, sei eher auf dessen schlechte Verkehrsanbindung als auf natürliche Faktoren zurückzuführen. Doch gerade dies hatte sich geändert. Eisenbahn, Kutschen oder Dampfschiffe verbanden die Limmatstadt mit der Welt. Neben den erwünschten hatte diese Veränderung – wie der Vortragende dezent durchblicken liess – auch unerwünschte Folgen. Mit den Menschen kam auch die Seuche. Noch hatte sie Zürich nicht erreicht, doch ihre Vorboten kündigten sich bereits an. Cholerafälle wurden aus dem Aargau, aus Basel und Genf gemeldet. Am 12. August 1855 brach die Seuche schliesslich auch im Bezirk Zürich aus. Bis zum 31. Oktober erkrankten 215 Menschen, 114 davon starben. Gemessen an den grossen Pestepidemien, die Zürich zwischen dem 14. und dem 17. Jahrhundert immer wieder zu bewältigen hatte, war dies ein milder Verlauf. Allein die Pest von 1516 hatte die Bevölkerungszahl der Stadt immerhin um rund ein Drittel reduziert.

Dennoch führte der zweimalige Ausbruch der Cholera in Zürich 1855 und 1867 zu intensiven und folgenreichen politischen Diskussionen. Der Grund für diese Aufmerksamkeit lag darin, dass Politik, Ärzteschaft und Öffentlichkeit mit Sorge wahrnahmen, wie schlecht man auf den Ausbruch einer Pandemie vorbereitet war. Die alte Strategie, den Zugang zu Stadt streng zu überwachen und infizierte Personen gar nicht erst einreisen zu lassen, griff nicht mehr. Zürichs Bürgern wurden durch den Ausbruch der Cholera mit einem Schlage die Auswirkungen der neuen Zürcher Weltoffenheit vor Augen geführt. Es stellte sich die Frage, wie man auf diese veränderte Lage der Dinge zu reagieren hatte.

Hilfe und Erklärung erwartete man vor allem von Seiten der Medizin. Deren Vertreter hatten sich in Zürich seit Ende des 18. Jahrhunderts zu einem gesellschaftlich respektierten, gut ausgebildeten und vor allem politisch einflussreichen Berufsstand entwickelt. Letzteres war darauf zurückzuführen, dass der Kampf gegen Krankheiten von der Ärzteschaft zu einer Aufgabe erklärt wurde, die mit naturwissenschaftlichen Mitteln allein nicht zu führen war. Nur wenn die Bevölkerung Erkrankungen meldete, Auskunft über Infektionswege gab und ihre Lebensgewohnheiten auf Anraten der Ärzte änderte, konnten die Jünger des Äskulap erfolgreich sein. Die Suche nach den Ursachen und den Mitteln gegen eine Krankheit wie die Cholera war damit auch eine öffentliche Aufgabe. Die Wahrnehmung der Bürger wurde geschult, Beobachtungen wurden publiziert, Vergleiche wurden gezogen. War Zürich im globalen Vergleich schwerer von der Cholera getroffen worden als andere Städte oder hatte man die Krankheit besser gemeistert? Fragen wie diese konnten politische Machtstrukturen legitimieren und delegitimieren. Sie konnten Reformbewegungen initiieren, beschleunigen oder neu ausrichten.

Im Falle des Choleraausbruches von 1855 schienen die Mediziner zunächst keinen dringenden Handlungsbedarf festzustellen. Verglichen mit anderen europäischen Städten war man an der Limmat glimpflich davongekommen. Der Professor für Medizin Hermann Lebert führte dies vornehmlich auf eine ebenso unaufgeregte wie effiziente Politik der Seuchenbekämpfung zurück. Die Häuser der Kranken waren gesperrt und die Öffentlichkeit über den Seuchenverlauf unterrichtet worden. Mit Hilfe dieser Strategie der Mikroquarantäne – so die zufriedene Bilanz der Beteiligten – habe man die Bedrohung bewältigt.

Sorge bereitete allerdings, ungeachtet solcher Kommentare, die ungleiche soziale Verteilung der Todesopfer. Die Bevölkerung des Bezirks Zürich wuchs. 1850 lebten in ihm 41.585 Menschen, 1860 waren es bereits 51.616, 1870 stieg die Zahl auf 65.668. Die Schwelle von 100.000 Einwohnern wurde in den späten 80er-Jahren überschritten. Im Jahr 1900 zählte die Bevölkerung gar 168.021 Menschen und ein Ende des Wachstums war nicht abzusehen. Nur ein Teil dieser rasanten Entwicklung war auf die Erhöhung der Bevölkerungszahl in der Stadt selbst zurückzuführen. Die meisten lebten in Gemeinden im unmittelbaren Umland der Stadt, die sich längst zu Vorstädten entwickelt hatten. Die Lebensbedingungen waren hier in der Regel bedrückend.

Im Seuchenjahr 1855 hatten die Zeitgenossen aufmerksam registriert, dass die Zahl der Erkrankungen in den ärmsten dieser Wohnquartiere besonders hoch war. Woran mochte dies liegen? Die Mediziner zeigten sich vorsichtig im Urteil. Manche neigten der These zu, dass mangelnde Reinlichkeit und damit sittlicher Verfall die Armen anfälliger für Erkrankungen machten und vor allem die Arbeitsscheuen ein erhebliches Seuchenrisiko für die Stadt bildeten. Andere verwiesen auf die schlechten Lebensbedingungen derjenigen, die kaum ihr Überleben sicherstellen konnten. Vor allem die Abwasserproblematik wurde hier thematisiert und Abhilfe gefordert.

Dergleichen politisch brisante Diskussionsbeiträge gewannen mit dem Ausbruch der zweiten Seuchenwelle im Jahre 1867 an Bedeutung. Ein wichtiger Grund dafür lag in der wirtschaftlichen Krise, in der sich der Kanton zu diesem Zeitpunkt befand. Die Textilindustrie lag danieder, der Eisenbahnbau litt unter finanziellen Engpässen und der bisher schier allmächtige Alfred Escher war in die Kritik geraten. Der überraschend heftige Ausbruch der Cholera liess sich unter diesen Bedingungen für die politische Opposition nutzbar machen.

Zwischen dem 12. Juli und dem 28. Oktober 1867 starben 481 der insgesamt 684 Erkrankten an der Seuche. Wiederum waren es die sozial schwächeren Wohngebiete des Bezirks wie Oberstrass, Aussersihl, Unterstrass und Wipkingen, die besonders stark von der Epidemie betroffen waren. Quarantänemassnahmen waren hier kaum durchsetzen. Zudem brach das Gesundheitswesen unter dem Ansturm der Patienten regelrecht zusammen. Weder der Transport der Erkrankten noch deren Unterbringung konnten gewährleistet werden.

Die Opposition verstand diese offenkundigen Probleme geschickt für sich zu nutzen. Man machte die Regierung für die mangelhafte Vorsorge und schlechte Krisenbewältigung verantwortlich. Mehr noch, Karl Bürkli (1823–1901) verglich den

Die Lagerstrasse in Zürich Aussersihl. – Fotografie, um 1900.

Einfluss Alfred Eschers auf die Zürcher Politik öffentlich mit den Krankheitssymptomen der Cholera. Man forderte Reformen. Das Armutsproblem, so die Demokraten, war nicht mit moralischen Kategorien zu erfassen. Viele Arbeiter seien voll erwerbstätig und trotzdem nicht in der Lage, ihre Familie zu ernähren. Der Staat müsse handeln.

Der Arme war aus dieser Perspektive nicht durch Amoralität gekennzeichnet und war auch kein Hilfsbedürftiger, der durch

Nächstenliebe der Mitchristen ernährt werden musste. Er war ein gleichberechtigter Mitbürger, dessen Interessen vom Staat geschützt werden mussten.

Reformen

Der politische Druck, den die Opposition hier aufbaute, war enorm. Es stellte sich die Frage, in welche Richtung er nutzbar gemacht werden sollte. Wenngleich die Ursachen der Seuche unklar waren, hatte sich in der medizinischen Forschung der Grundkonsens durchgesetzt, dass eine Reorganisation der Abwasserentsorgung das Erkrankungsrisiko in jedem Falle senkte. In Zürich wurden derartige Sanierungsmassnahmen seit dem Herbst 1855 diskutiert. Alfred Bürkli war beauftragt worden, die in Europa bestehenden Abwassersysteme zu begutachten und eigene Pläne auszuarbeiten. Sie lagen im Juni 1866 vor und beruhten auf dem Pariser Modell. Ihre Umsetzung war – wie das Beispiel anderer Grossstädte zeigte – kostspielig. Die politischen Entscheidungsgremien hatten Bürklis Pläne daher über Jahre hinweg eher zögerlich unterstützt. Unter dem Eindruck der Choleraepidemie sollte sich dies ändern. Zwischen 1868 und 1873 wurde ein Kanalnetz von 80 km errichtet, das den internationalen Standards genügte. Kurz darauf erfolgte eine Sanierung auch des Trinkwassersystems.

Es waren politisch symbolträchtige Investitionen, die hier getätigt wurden. Sie kamen allen Bürgern zugute, vor allem aber jenen, deren Interessen bislang kaum berücksichtigt wurden. Eine politische Bewegung begann an Einfluss zu gewinnen, die nach eigener Überzeugung den Staat aus der Geiselhaft der mächtigen Unternehmer- und Kaufmannsfamilien zu befreien versuchte. Man sah sich als Interessenwahrer gerade der sozial schwächeren Bürger. Forderungen nach einer neuen Kantonalverfassung, die direktdemokratische Elemente enthielt, wurden ab 1867 dezidiert formuliert und 1869 durchgesetzt. Die Sanierung der städtischen Infrastruktur zwang zudem zu einer immer stärkeren Kooperation zwischen Zürich und seinen Vorstädten, die 1893 zu einem politischen Gesamtverband zusammengeschlossen wurden. Zürich war mit einem Schlage zur größten Stadt der Schweiz geworden und hatte die Weichen für weiteres Wachstum gestellt.

Die politischen Folgen der Reformen waren indes ambivalent. Hatte in anderen europäischen Grossstädten wie etwa London die Sanierung von Abwasser- und Trinkwassersystemen die politischen Entscheidungsträger gestärkt und deren paternalistische Grundhaltung demonstriert, so war in Zürich das Gegenteil zu beobachten. Hier hatte die Opposition vom schleppenden Krisenmanagement der Liberalen profitiert. Die Fahndung nach den Ursachen der Seuche hatte der Bevölkerung vor Augen geführt, wie eng die Stadt in internationale Strukturen eingebunden war, und den Blick für Entwicklungen in anderen europäischen Städten geschärft. Die Stadt war rasch expandiert und hatte sich ebenso rasch den europäischen Verkehrsströmen geöffnet. Sollte die Stadt nicht an den Problemen, die sich daraus ergaben, zugrunde gehen, so mussten die politischen Strukturen an die neue soziale Wirklichkeit angepasst werden. Im Europa der neuen Grossstädte wurde ein Zögern oder ein zu langes Festhalten an Überkommenem nicht verziehen. Man befand sich in einem internationalen Wettlauf, einem globalen Lernprozess – familiäre Traditionen, alte Privilegien oder die Grenzen scheinbar festgefügter Räume standen permanent zur Disposition. Die Mauern der Stadt waren endgültig gefallen, das Zeitalter der Globalisierung hatte begonnen.

Leiden an der Moderne – Conrad Ferdinand Meyer und Gottfried Keller

„Keller ist, was die Schweizer verlangen, lehrhaft, weitschweifig, er predigt. Das ist nötig, um den Schweizern zu gefallen, es ist republikanisch. Meine grösste Emancipation vom Schweizertum ist, dass ich das nicht thue, dass ich es grundsätzlich vermeide."

Enge Freunde waren sie nicht. Conrad Ferdinand Meyer (1825–1898) schätzte, wie das obige Zitat zeigte, weder den Stil seines Zürcher Kollegen Gottfried Keller (1819–1890) noch seinen Charakter. Dies beruhte durchaus auf Gegenseitigkeit. Der kleine Keller habe sich rasch hinter seiner Zeitung versteckt, wenn Meyer glacébehandschuht den Lesesaal der Museumsgesellschaft betrat – so wussten jedenfalls Zeitgenossen zu berichten. Meyer, der stets freundliche, ein wenig verschlossene Spross einer wohlhabenden und einflussreichen Familie, und Keller, der derbe Sohn eines früh verstorbenen Drechslermeisters, bildeten in der Tat ein merkwürdig gegensätzliches Paar. Versuche, sie mit der poetischen Traumpaarung Goethe und Schiller zu vergleichen, wurden von Keller mürrisch und kopfschüttelnd zurückgewiesen. Die Novellen seines Zürcher Widerparts sah er bei aller technischen Wertschätzung als Werke voller Effekthascherein. Meyer, der seine Zeitkritik gern hinter der Maske historischer Stoffe verbarg, zeigte seinerseits kein Verständnis für Kellers Novellen und Romane, die sich dem bescheidenen Leben von Handwerkern und Bauern widmeten. Dies seien niedrige Stoffe. Keller verschwende seine Gabe an Lumpenvolk.

Der Republikaner und der Aristokrat – so traten die beiden gern auf und so wurden sie von den Zeitgenossen auch wahrgenommen. Bei allen Unterschieden konnten die Gemeinsamkeiten rasch übersehen werden.

Beide waren in der Zeit der Restauration geboren worden. Ihre Kindheit hatten sie in der Kleinstadt Zürich mit seinen 10.000 Einwohnern verbracht. Die Stadtbefestigung, die Stadttore und selbst die Zunftverfassung hatten sie noch kennengelernt. Als sie starben, war ihre Heimatstadt zu einer pulsierenden Grossstadt geworden. Die Einwohnerzahl hatte sich verzehnfacht, die sozialen Probleme waren bedrückend, Emigranten aus dem Umland, aber auch aus Deutschland, strömten in immer grösserer Zahl an die Limmat.

Wie sollte die heterogene Bevölkerung dieser Stadt zu einer gemeinsamen Verständigungsgrundlage gelangen? Welche Werte, welche Mythen, welche Zielvorstellungen sollten als Bezugspunkte dieser neuen Bürgergemeinschaft dienen? Ob die Religion hier noch eine wichtige oder gar zentrale Rolle spielte, durfte bezweifelt werden. Der Kirchenbesuch sank seit Beginn des 19. Jahrhunderts rapide. Zudem begann das einheitliche Profil der reformierten Kirche zunehmend zu zerfallen. Anhängern eines liberalen Protestantismus, der Theologie und Wissenschaft miteinander zu versöhnen suchte, standen neue mythische Bewegungen gegenüber. Letztere fanden vor allem beim weiblichen Bevölkerungsanteil lebhaften Zuspruch. Das ekstatische geistliche Erlebnis besass durchaus emanzipatorische Aspekte. Die Mutter C. F. Meyers, Elisabeth Ulrich, war in diesen Kreisen besonders aktiv. Sozial engagiert, scharfsinnig und äusserst fromm, beobachtete sie die religiöse Entwicklung ihres Sohnes mit Sorge. Der machte aus seiner agnostischen Grundhaltung kein Geheimnis. Weder Prügel noch Predigten liessen ihn in seiner Ablehnung der christlichen Lehre schwankend werden. Ändern sollte dies erst ein Aufenthalt des 27-Jährigen in einer pietistisch geprägten Nervenheilanstalt. Künftig zeigte er sich wunschgemäss demütig. Seine „Bilder und Balladen" von 1860 legten von seinem neu gewonnenen Glauben Zeugnis ab. Kritik äusserte er künftig nur noch verdeckt, dann allerdings in aller Härte. Seine vielschichtige Novelle „Der Heilige" von 1879 beschäftigt sich am Beispiel Thomas Beckets mit den Motiven des Gläubigen. Den „Heiligen" treibt hier weniger die Demut als Rachedurst und Selbstüberhebung. Gott wird zur Waffe, zur Legitimationsgrundlage eigenen Handelns.

Ähnlich ambivalent zeigte sich das Verhältnis Kellers zum Christentum, der anders als Meyer in seiner Jugend zunächst als dessen Verteidiger auftrat. Erst sein Zusammentreffen mit Feuerbach leitete einen Wandel ein. An die Stelle des Christentums trat nunmehr ein geradezu mystischer Atheismus, der sich durch Toleranz und Ehrfurcht vor dem Leben wie der Natur auszeichnete. Einen Sturm auf die Kirchen lehnte Keller ab. Stattdessen verwies er – im Grunde ähnlich wie Meyer – auf die einsamen Gewissensqualen des Individuums, das in einer Welt ohne Gewissheiten lebte. An die Stelle der monopolartig auftretenden Konfessionskirche trat eine breite religiöse Angebotspalette. Philosophien und Religionen buhlten um die Gunst des Publikums. Geistliche Disziplin war nur noch in fanatisierten Kleinstgruppen herzustellen. Ansonsten galt, was Gottfried Keller einer Hauptfigur seines „Grünen Heinrich" von 1854/55 in den Mund gelegt hatte: „Übrigens geht der Mensch in die

Schule alle Tag, und keiner vermag mit Sicherheit vorauszusagen, was er am Abend seines Lebens glauben werde."

Alte Gewissheiten schwanden. Selbst das einst uneinholbare Prestige der grossen Familien hatte deutlich an Wert verloren. Dies war vor allem für C. F. Meyer spürbar, der einem illustren Geschlecht von Seidenfabrikanten, Kaufleuten und Räten entstammte. Die Zeiten, in denen der Weg eines jungen Meyer in die politische, wirtschaftliche oder militärische Elite gleichsam vorgezeichnet war, neigten sich dem Ende zu. Die alten Familien hatten sich anzupassen und neu zu vernetzen, andernfalls drohten sie marginalisiert zu werden. Manchen, wie Meyers Cousin Georg von Wyss, der sich als Historiker einen Namen machte, gelang dieser Transformationsprozess. Meyer schien zu den Verlierern zu gehören. Ein Jurastudium hatte er abgebrochen und auch Versuche, ihn für die Profession eines Französisch- und Geschichtslehrers zu begeistern, scheiterten. Erst mit Mitte 40 wurde er als Literat wahrgenommen. Bis dahin galt er als bemitleidenswerter Zeitgenosse, der sich keinerlei Hoffnungen auf eine Eheschliessung machen durfte. Wenngleich Meyer den Erfolg, den er ab 1872 feierte, auszukosten verstand und sich eine bürgerliche Existenz (inklusive Haus und unglücklicher Ehe) aufbaute, blieb der Stachel des Zweifels am Sinn der eigenen Existenz erhalten. Die Gelehrtengestalten seiner Novellen sind beobachtende Figuren, die keinerlei politische Wirkung zu entfalten vermögen.

Das Ringen um Anerkennung, Wirkungsmacht und der Zweifel am eigenen Wert stellten auch Leitmotive im Werke Kellers dar. Der aus kleinen Verhältnissen stammende Dichter hatte zwar sehr viel früher reüssiert als Meyer. Seine soziale Ausgangsposition war allerdings auch ungleich schlechter. Über Jahre hatte die Familie seine Ausbildung zunächst zum Maler, später zum Literaten mitfinanziert. Sein Roman „Der Grüne Heinrich" legte beredtes Zeugnis von den Selbstzweifeln des jungen Künstlers ab, den die beständige Angst vor dem Versagen umtrieb. Im Falle des Scheiterns blieb, so die Botschaft des Buches, nur der Selbstmord. So weit sollte es mit Keller nicht kommen, der zu einem gefeierten Literaten wurde, gesellschaftlich jedoch stets Anstoss erregte. Seine Zornesausbrüche, seine Neigung zum Alkohol, sein lautes Auftreten und sein bis 1861 ungesichertes Auskommen machten seine Anstrengungen, eine Familie zu gründen, immer wieder zunichte. Die von ihm verehrten Damen wiesen ihn ab und suchten nach einer besseren Partie. Der bewunderte Dichter blieb ein Einzelgänger, der über seine Zeit und sein Dasein grübelte.

Worin mochte der Nutzen des Dichters liegen? Alfred Escher, der dafür eingetreten war, Kellers deutsche Studienreisen mit Stipendien zu unterstützen, wusste Antwort auf diese Frage. Der aufgehende Stern am Literatenhimmel sollte die Ehre der Nation mehren, indem er in Deutschland erfolgreich als Autor bürgerlicher Dramen auftrat. Kellers Begabung zum Dramatiker hielt sich indes in Grenzen. Die Ruhmeskränze des Theaters blieben ihm verwehrt. Immerhin zeigte er sich als treuer Patriot. Die Vorstellung, der Künstler möge dazu beitragen, die Bindungskräfte der eidgenössischen Republik zu fördern, war ihm keineswegs fremd. Schon in seiner Jugend war Keller für die Sache der Liberalen eingetreten. Während Meyer sich mit nationalen Bekenntnissen zurückhielt, zeigte sich Keller als williger Mitgestalter am Mythos „Schweiz".

So reizvoll der Gedanke sein mochte, die Nation zum neuen Leitwert der modernen Gesellschaft zu machen, so schwierig war allerdings die Realisierung dieses Unterfangens. Was die Nation ausmachte, für welche Werte sie stehen sollte, darüber herrschte alles andere als Einigkeit. Keller unterstützte zwar die Liberalen nach Kräften, die Schweiz der radikalen Demokraten oder gar der Katholiken betrachtete er indes mit Misstrauen und Ablehnung.

Zudem plagte ihn ebenso wie Meyer ein spezifisch eidgenössisches Problem: Nördlich der Eidgenossenschaft war 1871 das Deutsche Reich entstanden. Dessen Bürger waren in Zürich in reicher Zahl vertreten. National Begeisterte tummelten sich hier ebenso wie verbitterte Oppositionelle. Das Verhältnis zu den Einheimischen gestaltete sich, wie eine Schlägerei zwischen Gottfried Keller und Ferdinand Lassalle 1861 eindrucksvoll demonstrierte, alles andere als einfach.

Beide Schriftsteller, Meyer wie Keller, profitierten indes immens von der engen Anbindung Zürichs an den deutschen Kulturbetrieb. Salons, wie jener des Hamburger Ehepaares François und Eliza Wille, das sich bei Meilen niedergelassen hatten, erwiesen sich als wichtige gesellschaftliche Treffpunkte und zudem als Zentren des Austausches mit dem Reich. Bei den einflussreichen Willes waren alle grossen Namen anzutreffen, die in Zürich weilten. Georg Herwegh, Franz Liszt, Theodor Mommsen, Wilhelm Rüstow, Gottfried Keller, Conrad Ferdinand Meyer und Richard Wagner gaben einander die Klinke in die Hand.

Das Wohlwollen des deutschen Publikums hatte indes seinen Preis. Profranzösische Äusserungen oder gar Kritik am Kaiserreich waren nicht erwünscht. Selbst die beiden berühmten Zürcher hatten sich dem zu fügen, so sie denn Erfolg haben wollten. Meyer gab sich Besuchern gegenüber ab 1871 stets als glühender Verehrer Bismarcks und unbeugsamer Freund der deutschen Nation. Auch Keller verlieh seinen Sympathien für das Reich Ausdruck, zumeist zum Unwillen seiner Landsleute. Kritik übten beide Schriftsteller meist in ironisch gebrochener Form. So etwa Meyer, der einen seiner Romane der umstrittenen Gestalt Jörg Jenatsch widmete. Der Bündner Feldherr des 17. Jahrhunderts wird hier als ein Realpolitiker im Stile Bismarcks geschildert, der Ströme von Blut letztlich sinnlos vergoss. Die vorsichtige Form der Abgrenzung, die beide Schriftsteller wählten, war bezeichnend. In ihr spiegelte sich das komplizierte Verhältnis der eidgenössischen Republik zum Deutschen Reich wider. Man wollte Zugang zum deutschen Markt, war auf Frieden mit der deutschen Regierung angewiesen und profitierte von deutschen Einwanderern. Die eigene Selbstständigkeit stand jedoch niemals zur Disposition. Es war ein schwieriger, stets zu Missverständnissen Anlass gebender Balanceakt zwischen Sympathiebekundung und Distanz, der hier vollzogen wurde.

Das rote Zürich

„Das Vorkriegs- und Kriegs-Zürich war ein glänzendes Chaos. Auf einem Hintergrund von etwa 200.000 Bürgern und verbürgerlichten Arbeitern tummelten sich tausend Geister aus aller Herren Länder: Russische Menschewiki und Bolschewiki, revolutionäre Sydikalisten und Anarchisten aus Italien, Polen, Deutschland, Russland, Österreich. Marx-, Bakunin-, Stirner-bazillen schwirrten nur so in der Luft herum. Was alles gärte in Europa herum, sandte auch einen Vertreter nach dem roten Völkerbund nach Zürich." Der Armenarzt, Schriftsteller und Parteifunktionär Fritz Brupbacher (1874–1945), der diese Worte niederschrieb, wusste, wovon er sprach.

Er war eng mit den sozialistischen Emigranten, die sich an der Limmat niedergelassen hatten, verzahnt und zählte wie selbstverständlich auch zu einem illustren Kreis von Disputanten, die sich ab Sommer 1915 wöchentlich im „Weissen Schwänli", im „Schwarzen Adler" oder „Stüssihof" trafen. Es handelte sich um radikale Denker und Revolutionäre. Sie zählten zu der sogenannten „Zimmerwalder Linken", die eine Neuformierung der internationalen Arbeiterbewegung forderte. Deutsche waren hier zu finden, aber auch Schweizer, Polen und Russen.

Lenin in der Limmatstadt

Ab Februar 1916 machte ein charismatischer Emigrant in diesem Kreise auf sich aufmerksam. Seine schneidende Logik und seine Überzeugung, der Krieg selbst bereite den Boden für eine disziplinierte revolutionäre Elite von Sozialisten, sicherten ihm die Aufmerksamkeit der oft jungen Zuhörer. Die Zeit des Umbruchs sei gekommen, so erklärte er seinen staunenden Genossen mit schwerfälligem russischem Akzent – auch in der Schweiz. Wladimir Iljitsch Uljanow, genannt Lenin, traf allerdings bei seinen Schweizer Genossen auf erhebliche Vorbehalte. Wenngleich die Zürcher Sozialisten radikaler argumentierten als ihre Berner Genossen, von denen sich Lenin angewidert zurückgezogen hatte, liess sich die grosse und schillernde rote Gemeinde in der Limmatstadt nicht so ohne weiteres vereinnahmen. Sozialisten wie der spätere Bundesrat Ernst Nobs argumentierten zwar marxistisch, blieben aber bei konkreten politischen Richtungsentscheidungen betont unverbindlich und hielten zu Lenin Distanz. Der Umsturz, so musste der frustrierte Russe bald feststellen, hatte auch in Zürich nur wenige Befürworter. Die Stadt blieb ein Wartesaal der Revolution. Lenin verharrte hier und hoffte auf eine Gelegenheit zur Rückkehr.

Dass Lenin, der sein Exil am 9. April 1917 in Richtung Heimat verliess, überhaupt in die Schweiz aufgenommen wurde, war auf die Politik der strikten Neutralität zurückzuführen, der sich der neue Bundesstaat verschrieben hatte.

Der eigene Binnenmarkt war klein und auf gute internationale Verflechtungen angewiesen. Die Schweiz wurde daher in der zweiten Hälfte des 19. Jahrhunderts konsequent zu einem Zentrum internationaler Organisationen aufgebaut. Das Land stellte seine guten Dienste den Konfliktparteien des Kontinents zur Verfügung und duldete auch – oft zum Unwillen der Nachbarn – politische Dissidenten. Dies führte zwar immer wieder zu aussenpolitischen Spannungen, eröffnete aber auch den Eidgenossen die Möglichkeit, gerade gegenüber dem Reich ihre Eigenständigkeit zu betonen.

Vor allem die Sozialisten hatten früh von dieser Politik profitiert. Die Zahl der Emigranten, die sich zeitweise in Zürich aufhielten, liest sich wie ein „who is who" der europäischen Arbeiterbewegung. Die grosse Zeit der linken Emigranten begann, als der deutsche Reichstag 1878 die Sozialdemokratische Partei und mit ihr auch deren wichtigstes Kampforgan, den „Vorwärts", verbot. Um dennoch weiter publizistisch tätig sein zu können, wurde in Zürich die Wochenschrift „Der Sozialdemokrat" gegründet. Finanziell unterstützt wurde das Unternehmen von dem an der Limmat ansässigen vermögenden Sozialisten Carl Höchberg. Was den illegalen Vertrieb anging, so wurde dieser durch den „roten Feldpostmeister" Julius Motteler organisiert. Motteler war es auch, der von Zürich aus den Sicherheitsdienst der Partei, die „Schwarze Maske", leitete. In seiner Wohnung an der Dolderstrasse, dem für Unbefugte unzugänglichen „Olymp", liefen die Fäden der Partei zusammen. Hier stiegen Wilhelm Liebknecht und August Bebel ab, wenn sie in Zürich weilten. Für einige Jahre wurde die Stadt damit zum eigentlichen Hauptsitz der Partei. Eduard Bernstein, Karl Kausky und Clara Zetkin begannen hier zu wirken und das ideologische Profil der Partei zu schärfen. Erst im April 1888 gab die Eidgenossenschaft dem Druck der Reichsregierung nach und wies Motteler gemeinsam mit anderen Sozialisten aus.

Die starke Präsenz der SPD in Zürich hatte neben politischen auch demographische Gründe. Der Ausländeranteil an der städtischen Bevölkerung war zwischen 1893 und 1910 von 26 % auf 34 % gestiegen, den grössten Anteil dieser Gruppe machten Arbeiter mit deutscher Staatsangehörigkeit aus. Daneben begann auch die Zahl der italienischen Migranten, die vor allem aufgrund des Eisenbahnbaus nach Zürich gelangt waren, beständig zu steigen. Ihre sozialistischen Intellektuellen fanden ab 1905 im Restaurant Cooperativo, das sich zunächst an der Zwinglistrasse, später an der Militärstrasse befand, einen bald schon legendären Treffpunkt.

Kleine, aber elitäre Kolonien bildeten in Zürich auch die polnischen und russischen Sozialisten. Vor allem die Universität wurde zu einem wichtigen Anziehungspunkt für sie. Rosa Luxemburg – um nur eine von vielen zu nennen – promovierte an der Universität Zürich 1897 im Fach Nationalökonomie und traf dort auf ihren Lebensgefährten Leo Joggiches. Von Lenin, der nach Zürich vor allem wegen der Qualität der Bibliotheken gezogen war, war bereits die Rede.

Sie alle argumentierten hitzig, blieben aber friedlich. Lediglich in den 80er-Jahren des 19. Jahrhunderts hatte Zürich zeitweilig auch den Anarchoterroristen als Ruhe- und Kommunikationsraum gedient. Der von seinen Mitstreitern verehrte Österreicher Herrmann Stellmacher, der 1884 den Polizeidetektiv Ferdinand Blöch in Florisdorf bei Wien ermordete, gehörte dazu. Einige Jahre später löste die unbeabsichtigte Explosion einer Bombe, die in den Räumlichkeiten der ETH konstruiert worden war, einen Skandal aus und führte zu intensiven Untersuchungen.

Dergleichen Vorfälle blieben, wie erwähnt, die Ausnahme. Sie lieferten jedoch für ausländische Geheimdienste Vorwände, um in der Schweiz tätig zu werden. Die Eidgenossen selbst reagierten mit dem Ausbau eigener Spitzeldienste.

Inmitten all dieser kontroversen Diskussionen blieb die Zürcher Arbeiterbewegung selbst lange Zeit bemerkenswert ruhig. Mit dem 1838 in Genf gegründeten Grütliverein verfügte man zwar über ein nationales Forum. Doch waren liberale und christlich soziale Vertreter dort bis in die 1890er-Jahre ebenso vertreten wie Sozialisten.

Erste marxistische Tendenzen begannen mit der Gründung der internationalen Arbeiterassoziation 1864 in der Schweiz Fuss zu fassen. Um 1868 zählte sie hier ca. 10.000 Mitglieder. Der Vorsitzende der Zürcher Sektion, Karl Bürkli, hoffte den Kapitalismus mit genossenschaftlichen Mitteln zu überwinden und konnte nur geringe Wirkung entfalten. Weit bedeutsamer wurde sein Mitstreiter Herman Greulich, ein schlesischer Buchbinder, der 1865 nach Zürich gekommen war und sich zu einer Vaterfigur der sozialistischen Bewegung entwickelte. Greulich gelang es, Gewerkschaften und politische Interessenvertretungen organisatorisch zu entflechten, zu stabilisieren und sie aus dem Einfluss der Demokraten zu lösen. Der „Sozialistenhäuptling" gab der Arbeiterbewegung Schlagkraft und ein klares ideologisches Profil. Noch war ihre politische Position allerdings schwach. Bei Volksabstimmungen unterlagen ihre Anträge regelmässig und bei Wahlen in Repräsentativversammlungen schnitten sie aufgrund des Mehrheitswahlrechtes meist schlecht ab.

Der Bund zeigte sich dennoch bemüht, die Sozialisten nicht völlig zu marginalisieren. So wurde 1887 ein Arbeitersekretariat unter Leitung Greulichs eingerichtet, das Grundlagen für eine Sozialgesetzgebung entwarf und mit dem schweizerischen Arbeiterbund (einer Dachorganisation von Gewerkschaften, Vereinen und Krankenkassen) zusammenarbeitete.

Schachzüge wie diese beruhigten die Situation nur zeitweilig, blieb doch die wirtschaftliche Situation der Zürcher Arbeiterschaft bedrückend. So stieg die Zahl der Streiks kontinuierlich. Zu Beginn des 20. Jahrhunderts gehörte Zürich, wie neuere Untersuchungen zeigen, zu den europäischen Städten, in denen besonders häufig Arbeitskämpfe ausgetragen wurden.

Menschenauflauf in Zürich während des Landesstreiks vom 11. bis 14. November 1918.

Arbeitgeber und Arbeitnehmer demonstrierten wechselseitig Schlagkraft und Entschlossenheit. Im April 1912 eskalierte ein Zürcher Arbeitskampf: Streikbrecher erschossen einen Streikposten. Der Vorfall löste heftige Proteste und die Ausrufung eines Generalstreiks aus. Zur Überraschung aller beteiligten sich nahezu 25.000 Menschen am Ausstand. Selbst auf Seiten der Gewerkschaften und Sozialdemokraten stiess diese ungeheure Resonanz auf ambivalente Reaktionen. Es stellte sich die Frage, wie ein solcher Massenstreik überhaupt noch zu kontrollieren war.

Dieses Problem sollte sechs Jahre später, beim Landesstreik von 1918, noch sehr viel deutlicher zu Tage treten. Der erste Weltkrieg hatte die Preise für Grundnahrungsmittel nach oben schnellen lassen. Soziale Ausgleichsmassnahmen griffen meist zu kurz und kamen zu spät. Gleichzeitig hatte eine schmale Unternehmerschicht von den Exporten in die Kriegsgebiete erheblich profitiert. Der Hunger der einen stand dem Reichtum der anderen gegenüber. Ähnliche Konstellationen hatten in anderen Teilen Europas zu Revolutionen geführt und auch in der Schweiz wuchs der Unmut. Gewerkschaften und Sozial-

167

demokraten begannen, sich zu radikalisieren. Robert Grimm, der während des Krieges versucht hatte, die zweite sozialistische Internationale mit neuem Leben zu erfüllen, wurde zum neuen starken Mann der Arbeiterbewegung.

Es war ausgerechnet ein Streik der Zürcher Bankangestellten, der im Herbst 1918 schliesslich auch die Schweiz an den Rand des Bürgerkrieges brachte. Die Regierung hatte, um ein Zeichen der Stärke auszusenden, die Armee aufmarschieren lassen und damit die Arbeiterbewegung zu einer Reaktion gezwungen. Ein nationales Aktionskomitee rief für den 9. November 1918 einen unbefristeten und landesweiten Generalstreik aus. Man forderte eine Reorganisation des Heeres und der Wirtschaft sowie zahlreiche sozialpolitische Massnahmen, wie die Einführung einer Altersversicherung und die gesetzliche Verankerung der 48-Stunden-Woche.

Die Regierung antwortete mit Härte. General Ulrich Wille, ein Bewunderer der preussischen Armee, brachte auf Anordnung des Bundesrates seine Truppen als Streikbrecher und Ordnungsmacht zum Einsatz. An einigen Orten der Schweiz kam es zu bewaffneten Zusammenstössen.

Unter dem Druck der militärischen Drohung gab das Aktionskomitee nach. Der Streik wurde am 15. November landesweit für beendet erklärt. In Zürich löste die Entscheidung Unwillen aus. Zeitweise hatte die dortige Arbeiterunion gedroht, den Streik, wenn nötig, auf eigene Faust weiterzuführen. Es hatte der massiven Präsenz der eidgenössischen Truppen und der ganzen Überzeugungskraft der sozialistischen Führung bedurft, um sie schliesslich zum Einlenken zu bewegen.

Auf dem Weg zur roten Musterstadt

Die Folgen des Landesstreiks waren ambivalenter Natur. Auf der einen Seite wurden Sozialisten nunmehr als Revolutionäre stigmatisiert. Eine Kooperation mit den gemässigten bürgerlichen Kräften wurde schwieriger. Auf der anderen Seite zeigten sich Politik und Arbeitgeber zunehmend zu Kompromissen bereit. Die Arbeiterbewegung konnte Erfolge vorweisen und ihre Anhänger weiter an sich binden. Vor allem die Einführung des Verhältniswahlrechtes stärkte langfristig die Position der Sozialdemokraten.

Weder die Abspaltung der Kommunistischen Partei im Jahre 1921 noch der erbitterte Widerstand der im Kanton überraschend starken Bauernpartei konnten verhindern, dass sie zur dominierenden politischen Kraft im Stadtrat aufstieg. 1928 war es schliesslich soweit – mit Emil Klöti erhielt Zürich erstmals einen sozialistischen Stadtpräsidenten.

Der Aufstieg der SP und die Verfestigung des Arbeitermilieus gingen dabei Hand in Hand. Die Sozialdemokraten boten ihrer Wählerklientel nicht nur Anlaufpunkte bei sozialen Problemen, sie eröffneten darüber hinaus Möglichkeiten der Freizeitgestaltung und der Weiterbildung. Trotz aller Abgrenzung nach aussen war eine stillschweigende kulturelle Annäherung dieses Milieus an das Bürgertum unverkennbar. Man war um gesellschaftlichen Aufstieg bemüht. Neben sozialen Wohltaten (vor allem im Bereich der Alterssicherung) setzte die SP insbesondere auf eine Verbesserung des Bildungssystems und auf sozialen Wohnungsbau. An die Stelle der beengten Proletariersiedlungen sollten Wohnungsbaugenossenschaften helle, zweckmässige Neubauten errichten. Der Wirtschaftsboom der Zwischenkriegszeit machte es möglich, solche Pläne zu verwirklichen. Im Einzugsgebiet der Stadt entstanden zahllose Reihenhäuser und Wohnquartiere der Genossenschaft. Zürich expandierte immer weiter in das Umland und im Rathaus entstanden Pläne für eine weitere Eingemeindungswelle, die nach heftigen Auseinandersetzungen im Jahre 1934 vollzogen wurde.

Nicht alle zeigten sich von diesem wohltemperierten Klassenkampf gleichermassen begeistert. Der autoritäre, oft selbstherrliche Führungsstil der Parteifunktionäre, ihre kaum verhohlene bürgerliche Attitüde und der Verrat an ihren revolutionären Idealen wurden von Teilen der Linken heftig kritisiert.

Als ein wichtiges Beispiel für diese ablehnende Haltung sei Fritz Platten (1883–1942) genannt. Platten, der zu den Mitorganisatoren des Landesstreiks gehörte, die Zürcher Arbeiterbewegung über Jahre wesentlich prägte, Lenins Rückreise nach

Russland mitorganisiert und ihm im Januar 1918 bei einem Attentat das Leben gerettet hatte, zählte 1921 zu den Begründern der Kommunistischen Partei der Schweiz. Bereits 1923 entschloss er sich – frustriert vom mangelnden revolutionären Elan seiner Heimat – zur Emigration in die Sowjetunion. Der Traum vom sozialistischen Paradies geriet für den überzeugten Kommunisten wie für viele andere zum Alptraum. Stalins Verfolgungswellen trafen auch ihn. Fritz Platten wurde 1938 verhaftet und 1942 erschossen.

Im Schatten des Krieges

War es ein Akt der Zivilcourage oder der Wichtigtuerei? Die Meinungen über die Tat des Wachmanns Christoph Meili, der in der Nacht vom 8. auf den 9. Januar 1997 Aktenbestände der Schweizerischen Bankgesellschaft in Zürich vor der Vernichtung bewahrte, sie an sich nahm und an die Israelische Cultusgemeinde übergab, gehen bis heute auseinander. Der Vorwurf, den Meili gegenüber seinem Arbeitgeber erhob, wog schwer: Während jüdische Familien und ihre Vertreter Aufklärung darüber forderten, was aus den Bankvermögen von Holocaustopfern geworden sei, wolle das Geldinstitut die Spuren verwischen.

Der Vorfall löste vor allem in den USA eine Welle der Entrüstung aus. So meinten die Rechtsanwälte der Hinterbliebenen, einen Beweis für die schuldhafte Verwicklung von Schweizer Geldinstituten in die Machenschaften des Dritten Reiches in den Händen zu halten. Vor den Augen der staunenden Weltöffentlichkeit trieben amerikanische Politiker, Anwälte und Journalisten die Schweiz nun regelrecht vor sich her. Die ökonomische und politische Elite des Landes reagierte hilflos. Erst allmählich brach sich die Erkenntnis Bahn, dass die Banken – und nicht nur sie – in der Kriegszeit erhebliche Fehler gemacht hatten. Es war ein schmerzhafter Prozess, in dessen Verlauf liebgewonnene Mythen Schritt für Schritt entzaubert wurden.

Die Wurzeln dieser Mythen gehen bis in das Jahr 1939 zurück. Während die Wehrmacht sich anschickte, Europa zu verwüsten, feierte man in Zürich die Landesausstellung. Der An-

Vom 6. Mai – 29. Oktober 1939 fand die Schweizerische Landesausstellung mit über 10 Millionen Besuchern in Zürich statt. – SNM –
Landesmuseum Zürich.

klang, den das Unternehmen in der Öffentlichkeit fand, und
der Aufwand, mit dem sich das Land in Szene setzte, waren
beispiellos. Auffällig war das Bemühen, Tradition und Moderne
miteinander in Einklang zu bringen. Neben der Leistungsschau
der schweizerischen Industrie wurde daher auch den vermeint-
lich unverlierbaren Wurzeln des Landes breiter Raum einge-
räumt. Ein Bauerndorf stand für die natürlichen Prägekräfte der
Nation, für das liebevoll gepflegte Bild des von Wind und
Wetter gegerbten, freiheitsliebenden Almbauern. Das Alte und
das Neue – so die Botschaft der Ausstellung – schlossen einander nicht aus, sondern bildeten ein harmonisches Ganzes.

Auch als die aussenpolitische Lage die Generalmobilmachu-
ung der Schweiz erzwang, blieben die Tore der Landesausstellung geöffnet. Die grosse Zahl von Uniformierten, die nun
die Attraktionen bewunderten, verstärkte den Eindruck der
nationalen Einheit noch. Die Gegensätze zwischen Stadt und

171

Land, Katholiken und Protestanten, Arbeitern und Bankiers schienen angesichts der Kriegsbedrohung in den Hintergrund zu treten. Gemeinsam, so lautete die Botschaft der Ausstellung, werde man den Gefahren trotzen und das nationale Erbe der Schweiz bewahren.

Nach dem Ende des Krieges liess sich an dieses Selbstbild anknüpfen. Der offenkundige Erfolg der bewaffneten Neutralität diente zur Legitimation einer neuen Konsensdemokratie, in der neben Liberalen auch katholische Interessenvertreter und Sozialdemokraten ihren Platz fanden. Jeder Versuch, die Erinnerung an die heldenhafte Solidarität der Kriegszeit in Zweifel zu ziehen, musste daher auf Unwillen stossen.

Die Nationale Front

Dabei war die Schweiz keineswegs immun gegenüber den Ideen des Nationalsozialismus gewesen. Ulrich Wille, Sohn des erwähnten Generaloberst gleichen Namens und ebenfalls hoher Militär, hatte Adolf Hitler bereits 1923 nach Zürich eingeladen und ihn dort mit finanzkräftigen Sympathisanten bekannt gemacht. Man hörte dem zornigen Weltkriegsveteranen interessiert zu und gab reichlich. Das gespendete Geld floss in die Finanzierung des bekannten Putschversuches am 9. November desselben Jahres.

Die Verbindungen zwischen der völkischen Szene im Deutschen Reich und rechtskonservativen Kräften in der Schweiz sollten auch in den kommenden Jahren nicht abreissen. Als die Nationalsozialisten 1933 die republikanische Ordnung in Deutschland zerstörten, sammelten sich auch in Zürich ihre Sympathisanten. Verschiedene Splittergruppen formten eine „Nationale Front". Man spekulierte darauf, die Opfer der Wirtschaftskrise für sich zu gewinnen. Zudem konnte man an Denkmuster anknüpfen, die sich in den Jahrzehnten zuvor verfestigt hatten. Fremdenfeindliche Parolen etwa hatten in Zürich vor dem Hintergrund der städtischen Wohnungsnot schon nach dem Ende des Ersten Weltkrieges stark zugenommen. Auch antisemitische Ressentiments waren parteiübergreifend genutzt worden, um Wählerstimmen zu gewinnen.

Während die bürgerlichen Parteien sich gegenüber den Frontisten durchaus kooperationsbereit zeigten, erfuhren sie von Seiten der geschickt operierenden Sozialdemokraten erbitterten Widerstand. Diese versuchten, den Gegensatz zu den liberalen Parteien abzubauen und damit eine gemeinsame Position der eidgenössischen Demokraten zu ermöglichen. Die Strategie ging auf. Zürich wurde nicht zur Hauptstadt einer völkischen Revolution, von der die Frontisten träumten. Stattdessen begann die Stadt sich politisch zu stabilisieren und im Verlaufe der 30er-Jahre auch wirtschaftlich zu konsolidieren.

Devisen für die „Herren des Neuen Europa"

Mit Ausbruch des Krieges begann sich die Situation grundlegend zu verändern. Die Schweiz hatte sich, umringt von Diktaturen, als neutrale Republik zu behaupten. Immerhin hatte man den kriegsführenden Parteien einiges zu bieten. Vor allem den Deutschen, den selbsternannten Herren des „Neuen Europa", mangelte es an Devisen. Das Problem bestand im Prinzip seit 1931 und hatte bereits 1934 zum Abschluss eines Clearingabkommens geführt. Zahlungen zwischen den Handelspartnern wurden von nun an vorwiegend auf der Grundlage eines staatlich regulierten Verrechnungsverfahrens durchgeführt. Ab Sommer 1940 wurde dieses System dahingehend verändert, dass die eidgenössische Regierung den Achsenmächten grosszügige Clearingkredite (im Gesamtumfang von über einer Milliarde Schweizer Franken) einräumte. Berlin konnte auf diesem Wege kriegswichtige Waren importieren, ohne auf seine knappen Devisenreserven zurückgreifen zu müssen oder dem Handelspartner zumindest gleichwertige Güter zu liefern. Gleich ob es um den Verkauf von Gold, den Transit von Gütern und Menschen oder den Transfer von Waffentechnologie (etwa durch die Firma Oerlikon-Bührle bei Zürich) ging – stets erwies sich die Schweiz als ein für die Achsenmächte nützlicher Partner. Und auch die Schweiz zog durchaus Vorteile aus den Wirtschaftsbeziehungen mit den Achsenmächten. Das Finanzzentrum Zürich florierte ebenso wie die eidgenössische Exportindustrie.

Von Seiten der Alliierten, mit denen die ökonomischen Beziehungen ebenfalls aufrechterhalten wurden, wurde immer wieder Kritik an der Haltung der Eidgenossenschaft laut. Ab 1943 forderte man sie offiziell auf, den Ankauf von Goldbeständen aus dem Reich zu unterlassen. Berlin handle, so der Vorwurf, mit geraubtem Edelmetall. Erst nach intensiven Verhandlungen wurde dieser Forderung 1945 entsprochen. Nach dem Krieg gab zudem die schleppende Kooperation der schweizerischen Geldinstitute bei der Fahndung nach den Vermögen von Opfern des Naziregimes zu Irritationen Anlass.

Flüchtlingspolitik

Ebenfalls frühzeitig in die Kritik geriet die Flüchtlingspolitik der Schweiz. Die seit den 20er Jahren ohnehin restriktive Einwanderungspraxis wurde mit zunehmendem Migrationsdruck aus dem Deutschen Reich noch einmal verschärft. Vor allem die Einwanderung jüdischer Flüchtlinge wurde kontrovers – und zum Teil auch mit antisemitischen Untertönen – diskutiert. Zwar war man zu humanitärer Hilfe bereit, der Bund wies jedoch darauf hin, dass die Schweiz ein Durchgangs- und kein Fluchtland sei. Trotz der Hilfsbereitschaft vieler Einzelpersonen und Verbände gestaltete sich die Gesamtsituation damit in den Augen zahlreicher Zeitgenossen unbefriedigend. Ab August 1942 blieb die Grenze – wiederum unter Hinweis auf die finanzielle und wirtschaftliche Lage – gar für ein Jahr geschlossen. Liberaler wurde das Grenzregime erst mit zunehmenden Erfolgen der Alliierten.

Wenngleich das Verhalten der Schweiz während des Krieges bereits in den 60er Jahren öffentlich kritisiert wurde, blieben die gesellschaftlichen Folgen solcher Debatten eher marginal. Die Affären um Raubgold und Aktenvernichtung in den 90er Jahren trafen das Land daher mit voller Wucht. Der Mythos, die Schweiz habe während des Krieges eine Insel der Unschuld, der Freiheit und des Rechts gebildet, liess sich nun nicht mehr länger aufrechterhalten. Man hatte mit den Diktatoren eng kooperiert und sich gegenüber Flüchtlingen an der Grenze inhuman gezeigt.

Let Europe arise – Zürich und der komplizierte Kontinent

Churchill – gefeiert von den Eidgenossen

Die Menge auf dem Münsterplatz jubelte. Dicht an dicht standen die Menschen auf dem weitläufigen Areal. Selbst auf den Dächern hatten Schaulustige Platz genommen und hofften, aus schwindelerregender Höhe einen Blick auf ihr Idol werfen zu können. Der ältere Herr, dem all diese Aufmerksamkeit und Verehrung galten, enttäuschte sein Publikum nicht. Man erwartete eine grosse Geste und man bekam sie. Diesmal war es allerdings nicht das Victoryzeichen, das Winston Churchill den Zürchern entgegenstreckte. Er nahm vielmehr seinen dunklen Hut, legte ihn auf seinen Spazierstock und reckte diese merkwürdige Kombination lächelnd in die Höhe. Was aussah wie ein etwas albernes Kunststück, mit dem der Ex-Premier von England sein Publikum zu belustigen versuchte, erwies sich bei näherer Betrachtung als ein tiefgründiger symbolischer Akt. In römischen Zeiten hatten freigelassene Sklaven den Pilleus, den Freiheitshut, an den Saturnalien getragen. Seit dem 16. Jahrhundert hielten jene reinen Jungfrauen, die auf staatstragenden Gemälden die Republik symbolisierten, diesen Hut zumeist auf einer Lanze in die Höhe – als Kennzeichen der durch Wehrhaftigkeit gewonnenen Freiheit. So stand Sir Winston Churchill auf dem Marktplatz einer der ältesten Republiken Europas und gemahnte sie mit einer Geste, in der Pathos und Selbstironie sich paarten, an die gemeinsame Freiheitstradition des Kontinents. Bei aller Verschiedenheit waren die Völker dieses Erdteils – so Churchills Botschaft – doch vereint im Hass gegen die Tyrannei und im Willen, ihre Rechte zu verteidigen.

Es war der würdige Abschluss eines bemerkenswerten Tages. Churchill war an diesem 19. September 1946 angetreten, um es der Welt noch einmal zu zeigen. Hier stand kein Fossil, kein Denkmal seiner selbst, sondern ein Mann, der die Traditionen des Abendlandes für zukünftige Generationen fruchtbar machen konnte: ein konservativer Visionär, der sein Publikum noch immer zu begeistern vermochte.

Am 19. September 1946 feiern die Zürcher begeistert den Besuch Winston Churchills in Zürich.

In die Schweiz war er auf Einladung wohlhabender Bewunderer gekommen, die seinen Urlaub am Genfer See grosszügig mitfinanziert hatten. Churchills freundliche Bemerkungen über das Verhalten der Schweiz während des Krieges machten ihn hier zu einem gern gesehenen Gast. Nur allzu gern liess man sich bescheinigen, dass die Eidgenossen dem Reiche nur widerwillig zu Diensten gewesen waren, im Herzen jedoch stets die Sache der Freiheit verteidigten. Als Gegenleistung wurde der jüngst abgewählte Premier in Bern und Zürich geradezu frenetisch gefeiert. Es war, als wäre Wilhelm Tell höchstpersönlich zu Besuch gekommen.

Dass ihm die Zürcher Universität entgegen ursprünglichen Plänen den Ehrendoktortitel – unter dem Hinweis auf die Verbrechen des Bombenkrieges – verweigerte, blieb ein kaum beachteter Schönheitsfehler. Churchill stattete der Hochschule trotzdem einen Besuch ab. In ihrer bis auf den letzten Stuhl voll besetzten Aula legte er schliesslich vor seinem Publikum seine Vision des zukünftigen Europa dar. Es müsse, so Churchill, endlich Schluss sein mit dem wechselseitigen Gemetzel. Frankreich und Deutschland sollten sich versöhnen. Ihre Freundschaft solle den Kern eines vereinigten Europa bilden, das England, Amerika und Russland wohlwollend unterstützen würden. Nicht der Bruch mit der bisherigen europäischen Geschichte wurde von Churchill gefordert, sondern deren Erfüllung. Das Schicksal des Kontinents sei eben nicht nur durch die Expansionsgelüste der „teutonischen Rassen", sondern durch ein reichhaltiges gemeinsames Erbe geprägt worden. Nun sei es endlich an der Zeit, so der Kriegspremier, ihm eine politische Form zu geben. „Let Europe arise": So rief er seinen Zuhörern zu.

Und was war mit der Schweiz? Der meisterhafte Redner hatte sich zu diesem Punkte, wie in vielen anderen, nur unbestimmt geäussert. Er hatte den Wohlstand der alten Republik hervorgehoben und zudem erklärt, dass im neuen Europa die kleinen Staaten als gleichberechtigte Glieder anerkannt werden sollten und damit an Einfluss gewönnen. Seinen Zuhörern legte er also durchaus nahe, an dem Einigungsprozess, der möglichst schnell beginnen sollte, aktiv Teil zu haben.

Tatsächlich sollte die Frage, welche Rolle die Schweiz in Europa zu spielen hatte, die öffentliche Debatte der Nachkriegszeit wesentlich mitbestimmen. Es war und ist eine Debatte, die umso kontroverser geführt wurde, je stärker der europäische Integrationsprozess voranschritt. Zürich als wichtigste Grossagglomeration der Schweiz hat an ihr einen besonderen Anteil.

Stadt der Künstler

Anfangs tat man sich schwer mit dem Entwurf. Die Vorstellung, mitten auf der Bahnhofstrasse eine Skulptur aus grauen Granitelementen aufzustellen, war weder der Stadt Zürich noch der Schweizerischen Bankgesellschaft geheuer. Beharrlich versuchte ihr Schöpfer, Max Bill (1908–1994), die Öffentlichkeit von seinen Plänen zu überzeugen. Man zögerte. Schliesslich versprachen die Verantwortlichen eine eingehende Prüfung und liessen ein Styropormodell in Originalgrösse anfertigen, das von internationalen Experten begutachtet werden sollte. Den angeforderten Fachleuten war dieses Prozedere denkbar unangenehm. Durch ihr positives Urteil verhalfen sie jedoch dem Künstler zum Ziel. Die „Pavillon-Skulptur" wurde 1983 aufgestellt und erfreute sich schon nach kurzer Zeit bemerkenswerter Popularität.

Inmitten der umtriebigen Geschäftsstrasse gibt sie Gelegenheit zum Ausruhen, zum Innehalten, zum sich Niederlassen. Die geschickt angeordneten Quader und Tore bilden einen offenen Raum, der sich der Flüchtigkeit des profitorientierten Handelns entzieht. Bill hatte einen Kontrapunkt im städtischen Raum verankert. Sein nur scheinbar sinnloses Arrangement von polierten Steinen hatte die Strasse verändert.

Er war ein politischer Künstler, ein Antifaschist, ein parteiloser Nationalrat, ein Mann von internationalem Renommee. Ende der 20er-Jahre war er in Dessau am Bauhaus von Klee und Kandinsky unterrichtet worden, um dann nach Zürich zurückzukehren. Als 1933 seine ersten Plastiken entstanden, bildete die Stadt an der Limmat einen Rückzugsraum für jene Intellektuellen, die der Diktatur Hitlers entfliehen wollten.

Es war nicht das erste Mal, dass die Stadt zum kulturellen Mittelpunkt der Widerständigen und Andersdenkenden wurde. Ähnliches hatte sich schon 1848 und in den Jahren zwischen 1914 und 1918 ereignet, als eine Gruppe von Emigranten hier die Bewegung des Dadaismus begründet hatte. Die Ruhe inmitten des Chaos stachelte die Kreativen zu Höchstleitungen an. Gleiches galt auch für die Wirren der Naziherrschaft: Wiederum waren es grosse Namen, die am Zürichsee um ein Bleiberecht baten. Thomas Mann war sicher der bekannteste unter ihnen. Aber auch Berthold Brecht machte hier Station, ebenso wie Carl Zuckmayer, Hans Weigel und natürlich James Joyce, der hier einen Teil seines Ulysses zu Papier brachte. Die Treffpunkte der Künstler und Emigranten – wie das Grand Cafè Odeon – quollen förmlich über vor kreativen Köpfen, die das liberale Klima an der Limmat zu nutzen wussten. So wichen Erika Mann, Therese Giehse und Magnus Henning mit ihrem Kabarett Pfeffermühle 1933 von München nach Zürich aus. Man kam um zu spielen, um zu gestalten, um weiter Einfluss zu nehmen. Als besonders nachhaltig erwies sich die Tätigkeit deutscher Regisseure und Schauspieler am Schauspielhaus in Zürich, das unter ihrem Einfluss zu einer der bedeutendsten deutschsprachigen Bühnen wurde.

Das Beispiel des einflussreichen Verlegers Emil Oprecht zeigte indes, dass Zürich weit mehr war als eine blosse Bühne des Exils. Vielmehr war die Kriegszeit geprägt durch einen fruchtbaren Austausch zwischen Emigranten und Schweizer Intellektuellen wie Max Bill, Max Frisch, Friedrich Dürrenmatt und Carl Seelig.

Es war eine Entwicklung, die über das Ende des Krieges hinaus fortwirkte. Die Stadt war zu einem wichtigen Impulsgeber des deutschsprachigen Kulturbetriebs geworden. Dies galt für ihre Bühnen ebenso wie für ihr Zeitungs- und vor allem für ihr Verlagswesen – man denke nur an den 1952 von Daniel Keel gegründeten Diogenes Verlag.

Staatliche Grenzen schienen angesichts dieses regen internationalen Austausches eine immer geringere Rolle zu spielen. Die Stadt war ein europäisches Kulturzentrum par excellence. Wie vertrug sich dies mit den kleinräumigen Strukturen der Schweiz? Die Künstler zeigten sich in diesem Punkte gespalten. Der Zürcher Germanist Karl Schmid prägte 1963 das geflügelte Wort vom Unbehagen im Kleinstaat. Max Frisch mochte dem zustimmen. Max Bill tat dies nicht. Wenngleich selbst ein überaus kritischer Geist, setzte er sich von der Zeitströmung ab und sprach demonstrativ von einem „Behagen im Kleinstaat". Während Anhängern der 68er-Bewegung, die etwa im Zuge der sogenannten Globuskrawalle einen revolutionären Weg der Inbesitznahme von städtischen Orten beschritten, zeigte er sich bemüht, die Stadt durch Überzeugungskraft zu verändern. Wie die Demonstranten, so wollte auch er den öffentlichen Raum politisieren – er wollte dies jedoch im Rahmen der geltenden Regeln tun. Dies stiess bei Konservativen wie bei der politischen Linken auf Widerstände. Erst spät, Mitte der 80er-Jahre, begann man, sich ihm langsam zuzuwenden.

Die Aufmerksamkeit, die man Bill nunmehr schenkte, war ein deutliches Zeichen für neue Unsicherheit, die alle politischen Lager kennzeichnete. Wie offen sollte die Schweiz sein, wie stark sollte sie Grenzen ziehen, wie war sie zu modernisieren, ohne ihre Unverwechselbarkeit zu verlieren – diese Fragen wurden nun neu diskutiert.

Eine europäische Grossstadt

Der „Metropolitanraum" Zürich, der seit 2009 in einem Interessensverband lose organisiert ist, umfasst neben den Kantonen Zürich und Zug auch Teile der Kantone Schwyz, Luzern, St. Gallen, Thurgau, Aargau und Schaffhausen. Nach eigener Auskunft zählt er zu den 16 wichtigsten europäischen Wachstumsmotoren. Man stehe in Konkurrenz zu Amsterdam, Brüssel, Berlin, München, Wien, Mailand und anderen Grossräumen. Von hier gingen Innovations- und Wettbewerbsimpulse aus, hier bestehe eine Drehscheibe des Austausches von Gütern und Information, hier würden Entscheidungen getroffen und ihre Durchsetzung kontrolliert.

In vielen Punkten gleicht das Gesicht der Stadt jenem ihrer Mitkonkurrenten. Wie in anderen europäischen Grossräumen so sind auch in Zürich die Bindungskräfte religiöser Gemeinschaften (im Jahr 2000 gehörten nur noch 32,1 % der Bevölkerung zur Reformierten Kirche), Gewerkschaften, Parteien und selbst der Familien stark gesunken. Die Stadt ist multikulturell geprägt, wobei der Ausländeranteil vor allem in den Neubausiedlungen hoch ist. Nach einer rund zwei Jahrzehnte währenden Phase der Stadtflucht wächst sie jetzt wieder – und das rasant. Es ist eine Entwicklung, die sich auch im Stadtbild niederschlägt. Zürich baut zunehmend in die Höhe. Der 2011 fertiggestellte Prime Tower steht symbolisch für diesen Wandel. So austauschbar diese Entwicklung, so austauschbar sind Reaktionen auf sie. Multikulturelle Praxis und Fremdenfeindlichkeit sind hier ebenso wie anderenorts zu beobachten. Man streitet um den Nutzen und den Schaden der Zuwanderung, um Integrationsprobleme und Grenzen der Assimilationsbereitschaft.

Ist Zürich eine europäische Grossstadt geworden, die sich von anderen nicht mehr unterscheidet? Gerade die Tatsache, dass die Grenzen der Metropole sowohl in Richtung Norden wie nach Westen mehr als unscharf sind, scheint dafür zu sprechen. Dennoch greift diese Schlussfolgerung zu kurz. Tatsächlich weist die Stadt an der Limmat weiterhin einige unverwechselbare Merkmale auf. Die umfangreichen Mitbestimmungsrechte des Wahlvolkes zählen sicher dazu. Sie führen zum Teil zu kuriosen Ergebnissen. So gestand die männliche Wählerschaft des Kantons den Frauen erst am 15. November 1970 das Wahlrecht zu (auf Bundesebene schlug ihre Stunde erst am 7. Februar 1971). Politische Modernisierungsprozesse fallen, wie dieses Beispiel zeigt, unter den Bedingungen der plebiszitären Demokratie oft schwer. Kostspielige Prestigeprojekte sind allerdings auch weitaus leichter zu verhindern. In der Schweiz steht der Staat unter der Aufsicht seiner Bürger, deren individuellen, gesellschaftlichen und politischen Selbstbestimmungsrechten hier ein weitaus grösserer Raum zugemessen wird als anderen Teilen Europas.

Insgesamt scheint der Erfolg dem Land recht zu geben: Die grossen Protest- und Politisierungswellen der 60er-, 70er- und 80er-Jahre haben Zürich meist verspätet und abgemildert ergriffen. Eine Mitgliedschaft in der EU könnte, so fürchten viele, die liberale Konsensdemokratie gefährden und Konflikte an die Limmat tragen, wie man sie sonst nur aus dem Fernsehen kennt.

Auch was die Zukunft des Finanzplatzes Zürich betrifft, richten sich die Augen der Eidgenossen sorgenvoll nach Brüssel. Der Finanzsektor erbringt etwa 20 % der Bruttowertschöpfung des Kantons. Sowohl der Arbeitsmarkt des Kantons als auch der Fiskus sind am Wohlergehen der Finanzinstitute daher in hohem Masse interessiert.

Das ist allerdings keineswegs gesichert. Angriffe amerikanischer und europäischer Steuerbehörden auf das Bankgeheimnis bedrohen die Bankenbranche ebenso wie die Finanzkrisen des frühen 21. Jahrhunderts. Dass Regulierung not tut, dass der Spekulation Grenzen aufgezeigt und ein Ausgleich mit den fiskalischen Interessen anderer Staaten notwendig ist, wird auch von Seiten der politischen Verantwortlichen in der Schweiz nicht bestritten. Die Frage ist allerdings, ob dazu eine weitere Annäherung an Brüssel notwendig oder eher hinderlich ist. Angesichts der etwa 2,5 Billionen Schweizer Franken an ausländischem Vermögen, die in der Eidgenossenschaft – und hier vor allem in Zürich – verwaltet werden, ist das Land auf grösstmög-

Blick über die Limmat flussabwärts mit (v. l.) Fraumünster, St. Peter, Münsterbrücke, Wasserkirche und Grossmünster.

liche Autonomie bedacht, denn nur so lässt sich das Vertrauen der Anleger in den Finanzplatz erhalten.

In der Tat wird der Beitritt zur Union (oder gar zum Euroraum) in der Eidgenossenschaft momentan nur noch von wenigen Gruppen befürwortet. Stattdessen wird die über Europa hinausreichende internationale Vernetzung der Schweiz verstärkt gepflegt. Zürich, das mit den Bankenzentren London und New York eng kooperiert und Sitz zahlreicher internationaler Sportorganisationen (wie der FIFA oder des Internationalen Eishockeyverbandes) ist, präsentiert sich wieder verstärkt als ein globaler Marktplatz, als eine Drehscheibe internationalen Austausches, deren Stärke in der Unabhängigkeit der Schweiz liegt.

Ob diese Politik von Erfolg gekrönt sein wird und es gelingt, die notwendige Balance zwischen Kooperation mit und Distanz zu Europa zu finden, ist umstritten. Als ein Menetekel an der Wand mag das Schicksal der Fluggesellschaft Swissair dienen, deren Versuch, ihre Unabhängigkeit um jeden Preis zu erhalten, den Schweizer Vorzeigebetrieb 2001 in die Liquidation trieb.

Droht das Beharren auf der eigenen Sonderstellung, Zürich und den Rest der Eidgenossenschaft in den Abgrund zu reissen? Oder ist das Gegenteil der Fall? Bleibt Zürich eine Wohlstandsinsel, die dem missglückten europäischen Experiment entronnen ist?

Zürich, die Erwählte – die Stadt der Reformation, die Stadt der Aufklärung, die liberale Musterstadt, die rote Wohlstandsrepublik – sie blickt einmal mehr einer unbestimmten Zukunft entgegen. Wieder einmal gilt es, die Lage der Stadt in der Eidgenossenschaft und in Europa neu zu bestimmen. Manche der Modelle, die vorgestellt werden, orientieren sich durchaus an überkommenen Narrativen. Jene, die das Vaterland als Schutzraum des wahren Europa sehen, das vor imperialen Tendenzen geschützt werden muss, stehen ebenso in einer alten Tradition wie jene die bestrebt sind, die Stadt an Europa anzunähern und seine Grenzen zu öffnen. In den neuen Debatten sind die Strukturen der alten noch immer erkennbar. Wie die Stadt selbst, so ist auch der Traum von der Stadt der Zukunft weiterhin auf Trümmern der Vergangenheit gebaut.

Zeittafel

ca. 4300 v. Chr.	Erste Siedlungen sind am Zürichsee nachweisbar (Egolzwiler Kultur)
5.-1. Jh. v. Chr.	Keltisches Oppidum auf dem Üetliberg
1. Jh. v. Chr.	Keltische Siedlung auf dem Lindenhof
ab. 15 v. Chr.	Römischer Stützpunkt an der Limmat
4. Jh.	Römisches Kastell auf dem Lindenhof
1. Hälfte 8. Jh.	Sakralbau an der vermeintlichen Grabstätte von Felix und Regula
853	Gründung des Klosters Fraumünster
um 870	Die Klerikergemeinschaft am späteren Grossmünster wird von Kaiser Karl III. in ein Chorherrenstift umgewandelt
10. u. 11. Jh.	Mehrfach Besuche des Königs im schwäbischen Vorort Zürich
um 1098	Zürich fällt an die Zähringer
1218	Nach dem Aussterben der Zähringer wird die Äbtissin des Fraumünsters Stadtherrin
um 1220	Spuren eines Stadtrates sind nachweisbar
1250	Eine Sammlung der städtischen Rechtsordnung (der Richtebrief) wird niedergeschrieben
13. Jh.	Bettelorden lassen sich in der Stadt nieder
1291	Erstes Bündnis Zürichs mit Schwyz und Uri
1336	Brunsche Zunftverfassung
23./24.2.1350	sog. „Zürcher Mordnacht"
1351	Zürich schließt ein Bündnis mit den Waldstätten und Luzern
1415	Zürich besetzt Teile des habsburgischen Aargaus im Zuge des Reichskriegs gegen Friedrich IV.
1424	Zürich erhält die Grafschaft Kyburg als Reichpfand
1433	Bestätigung der reichsstädtischen Privilegien
1436–50	Niederlage gegen die Eidgenossen im Alten Zürichkrieg – Zürich wird nach langem Schwanken Teil der Eidgenossenschaft
1467	Winterthur wird an Zürich verpfändet
1489	Hinrichtung Hans Waldmanns
1522	Das Zürcher Wurstessen – Beginn der Reformation
1522	Reislaufverbot

1523	Erste und Zweite Zürcher Disputation, Bildersturm, Umgestaltung des Großmünsters
1525	Begründung der Hohen Schule, Schaffung des Ehegerichts
1529	Erster Kappelerkrieg, Marburger Religionsgespräch zwischen den Reformatoren
1531	Zweiter Kappelerkrieg, Tod Zwinglis, Heinrich Bullinger wird Nachfolger Zwinglis
1555	Locarner Protestanten werden in Zürich aufgenommen und tragen zum Aufschwung der Textilindustrie bei
um 1640	Schließung des Zürcher Bürgerrechts
1656	Niederlage von Zürich, Bern und Schaffhausen gegen die katholischen Ort im Ersten Villmerger Krieg
1662	Einrichtung des Kaufmännischen Kollegiums – die ökonomische Elite organisiert sich
1663	Protokollarischer Skandal bei der Erneuerung des Bündnisses mit Frankreich
1679	Gründung des Collegium Insulanum
1685	Hugenottische Flüchtling in Zürich
1694–98	Neubau des Rathauses
1712	Zweiter Villmerger Krieg endet mit einem Sieg der reformierten Orte
1713	„Bürgerliche Unruhen" – der Gelehrte Johann Jakob Scheuchzer spricht für die Bürgerschaft
1721/23	Johann Jakob Bodmer und Johann Jakob Breitinger veröffentlichen die „Discourse der Mahlern"
1752/57	Bau des Zunfthauses zur Meisen
1761	Gründung der Helvetischen Gesellschaft, Veröffentlichung der „Wirtschaft eines philosophischen Bauern"
1762	Skandal um dem Landvogt Grebel – zunehmenden Politisierung der Aufklärung
1771	Einweihung des neuen Waisenhauses
1780	Johann Heinrich Waser wegen Geheimnisverrats hingerichtet
1780	Gründung der „Zürcher Zeitung" (ab 1821 „Neue Zürcher Zeitung")
1781	Pestalozzis „Lienhard und Gertrud" erscheint
1794/95	Stäfner Handel – der Konflikte mit der Landschaft beginnt zu eskalieren

1798	Zürcher Rat proklamiert Rechtsgleichheit zwischen Stadt- und Landbevölkerung. Zürich wird Teil der Helvetischen Republik. Besetzung der Stadt durch französische Truppen
1799	Erste und Zweite Schlacht von Zürich zwischen den Truppen Frankreichs und Russlands
1802	Zürich wird von helvetischen Truppen belagert
1803	Mediationsakte beendet die Helvetische Republik und setzt die Kantonsgrenzen fest
7.8.1815	Schwur auf den eidgenössischen Bundesvertrag – Beginn der Restauration
1830	Volksversammlung von Uster
1831	Liberale Kantonsverfassung – Beginn der „Regenerationszeit"
1833	Gründung der Universität, Aufhebung der Zünfte
1838	Erstes Sechseläuten aller Zünfte
1839	Züriputsch – die liberale Regierung wird gestürzt
1845–46	Die Liberalen erhalten erneut die Mehrheit im Regierungs- und im Großen Rat
1847	Sonderbundskrieg
12.9.1848	Verabschiedung der Bundesverfassung der Schweizerischen Eidgenossenschaft
1853	Gründung der Nordostbahngesellschaft
1854	Gründung des Eidgenössischen Polytechnikums
1869	Annahme einer neuen, noch heute gültigen Kantonsverfassung mit direktdemokratischen Elementen
1871	Tonhallenkrawalle
1893	Eingemeindung von 11 Vorortsgemeinden
1918	Landesstreik
1928	Der Sozialdemokrat Emil Klöti wird Stadtpräsident
1931	Zweite Zürcher Eingemeindung
1939	Landesausstellung Zürich
1942	Im Kanton Zürich halten sich 1400 Flüchtlinge auf
1953	Einweihung des Flughafens Zürich Kloten
1968	Globuskrawall
1970	Frauenwahlrecht auf Kantonsebene
1983	Erste Frau in der Kantonsregierung

Literatur

Abegg, Regine / Barraud Wiener, Christine / Grunder, Karl / Stäheli, Cornelia: Zürich, Neue Ausgabe III.II. Die Stadt Zürich III.II. Altstadt rechts der Limmat – Profanbauten. 2007 (Kunstdenkmäler der Schweiz, Bd. 111).

Abegg, Regine / Barraud Wiener, Christine / Grunder, Karl: Zürich, Neue Ausgabe III.I. Die Stadt Zürich III.I. Altstadt rechts der Limmat – Sakralbauten. 2007 (Die Kunstdenkmäler der Schweiz, Bd. 110).

Abegg, Regine / Barraud Wiener, Christine: Zürich, Neue Ausgabe II.I. Die Stadt Zürich II.I. Altstadt links der Limmat – Sakralbauten. 2002 (Die Kunstdenkmäler der Schweiz, Bd. 99). Die Stadt Zürich II.II. Altstadt links der Limmat – Profanbauten. 2003 (Die Kunstdenkmäler der Schweiz, Bd. 102).

Bächtold, Hans Ulrich: Heinrich Bullinger als Historiker der Schweizer Geschichte, in: Heinrich Bullinger und seine Zeit. Eine Vorlesungsreihe, hg. v. Emidio Campi. Zürich 2004, S. 251–273.

Balmer, Margrit / Wild, Dölf / Mirtin-Kilcher, Stefanie: Kelten in Zürich. Der Ursprung der Stadt in neuem Licht, Zürich 2001.

Balthasar, Andreas: Zug um Zug. Eine Technikgeschichte der Schweizer Eisenbahn aus sozialhistorischer Sicht, Basel 1993.

Balthasar, Andreas/ Gruner, Erich: Soziale Spannungen – wirtschaftlicher Wandel. Dokumente zur Schweiz zwischen 1880 und 1914, Bern 1989.

Barraud Wiener, Christine / Jezler, Peter: Zürich, Neue Ausgabe I. Die Stadt Zürich I. Die Stadt vor der Mauer, mittelalterliche Befestigung und Limmatraum. 1999 (Die Kunstdenkmäler der Schweiz, Bd. 94).

Bärtschi, Hans-Peter: Die industrielle Schweiz – vom 18. ins 21. Jahrhundert, Baden 2011.

Bärtschi, Hans Peter: Industrialisierung, Eisenbahnschlachten und Städtebau. Die Entwicklung des Zürcher Industrie- und Arbeiterstadtteils Aussersihl. Ein vergleichender Beitrag zur Architektur- und Technikgeschichte, Basel 1983.

Bernegger, Michael: Die Zürcher Seidenindustrie von der Industrialisierung bis zur Gegenwart, in: Seide. Zur Geschichte eines edlen Gewebes, hg. v. Barbara E. Messerli, Zürich 1986, S. 78–95.

Blickle, Peter: Gemeindereformation. Die Menschen des 16. Jahrhunderts auf dem Weg zum Heil, München 1987.

Bloch, Alexandra: Priester der Volksbildung. Der Professionalisierungsprozess der Zürcher Volksschullehrkräfte zwischen 1770 und 1914, Zürich 2007.

Blockman, Wim: Empowering Interactions. Political Cultures and the Emergence of the State in Europe, 1300–1900, Farnham 2009.

Bonhage, Barbara/ Lussy, Hanspetre/ Perrenoud, Marc: Nachrichtenlose Vermögen bei Schweizer Banken. Depots, Konten und Safes von Opfern des nationalsozialistischen Regimes und Restitutionsprobleme in der Nachkriegszeit, Zürich 2001.

Böning, Holger: Der Traum von Freiheit und Gleichheit. Helvetische Revolution und Republik (1798–1803), Zürich 1998.

Brändli, Sebastian: Die Retter der leidenden Menschheit. Sozialgeschichte der Chirurgen und Ärzte auf der Zürcher Landschaft (1700–1850), Zürich 1990

Braun, Rudolf, Das ausgehende Ancien Régime in der Schweiz, Göttingen/ Zürich 1984

Braun, Rudolf: Das ausgehende Ancien Régime in der Schweiz. Aufriss einer Sozial- und Wirtschaftsgeschichte des 18. Jahrhunderts, Göttingen/Zürich 1984.

Braun, Rudolf: Sozialer und kultureller Wandel in einem ländlichen Industriegebiet im 19. und 20. Jahrhundert, Erlenbach/Zürich/ Stuttgart 1965

Brühlmeier, Markus / Freit, Beat: Das Zürcher Zunftwesen, 2 Bde, Zürich 2005.

Brupbacher, Fritz: 60 Jahre Ketzer. Selbstbiographie, Zürich 1935.

Burazerovic, Manfred: Spießbürger und ewige Revoluzze. Fritz Brupbacher in der Arbeiter- und Jugendbewegung Zürichs vor dem Ersten Weltkrieg, in: Geist und Gestalt im Historischen Wandel. Facetten deutscher und europäischer Geschichte, 1789–1989, Münster 2000, S. 179–200.

Büsser, Fritz: Wurzeln der Reformation in Zürich, Leiden 1985.

Craig, Gordon A.: Geld und Geist. Zürich im Zeitalter des Liberalismus 1830–1869, München 1988.

Crottet, Regula/ Grunder, Karl/ Rothenbühler, Verena: Die Kunstdenkmäler des Kantons Zürich. N.A. VI. Stadt Zürich VI. Die Grossstadt Zürich 1860–1940. 2016 (Kunstdenkmäler der Schweiz, Bd. 131).

Dändliker, Karl: Geschichte der Stadt und des Kantons Zürich, 3 Bde., Zürich 1908–1912.

David, Thomas / Etemad, Bouda / Schaufelbuehl, Janick M.:Schwarze Geschäfte. die Beteiligung von Schweizern an Sklaverei und Sklavenhandel im 18. und 19. Jahrhundert, Zürich 2005.

Degen, Bernard: Abschied vom Klassenkampf. Die partielle Integration der schweizerischen Gewerkschaftsbewegung zwischen Landesstreik und Weltwirtschaftskrise 1918–1929, Basel/ Frankfurt 1991.

Dörner, Gerald: Kirche, Klerus und kirchliches Leben in Zürich von der Brunschen Revolution (1336) bis zur Reformation (1523), Würzburg 1996.

Dünki, Robert: Verfassungsgeschichte und politische Entwicklung Zürichs 1814–1893. Ein Beitrag des Stadtarchivs Zürich zum Gottfried-Keller-Jahr 1990, Zürich: 1990.

Ehrsam, Thomas: Silentium! Lesen und literarisches Leben in Zürich: Museumsgesellschaft und Literaturhaus, Zürich 2009.

Escher, Konrad: Zürich IV. Die Stadt Zürich, Erster Teil. Stadtbild, Befestigungen und Brücken, Kirchen, Klöster und Kapellen, Öffentliche Gebäude, Zunft- und Gesellschaftshäuser. 1939 (Die Kunstdenkmäler der Schweiz, Bd. 10). Zweiter Teil: Mühlen und Gasthöfe, Privathäuser, Stadterweiterung, Sammlungen 1949 (Die Kunstdenkmäler der Schweiz, Bd. 22).

Flüeler, Niklaus / Flüeler, Marianne (Hg.): Geschichte des Kantons Zürich, 3 Bde., Zürich 1995–1996.

Frech, Stefan: Clearing. Der Zahlungsverkehr der Schweiz mit den Achsenmächten, Zürich 2001.

Fuhrer, Hans Rudolf/ Strässle, Paul Meinrad: General Ulrich Wille, Zürich 2003

Gagliardi, Ernst: Dokumente und Geschichte des Bürgermeisters Hans Waldmann, 2 Bde., Basel 1911–1913.

Gagliardi, Ernst/ Nabholz/ Stohl, Jean: Die Universität Zürich 1833–1933 und ihre Vorläufer. Festschrift zur Jahrhundertfeier, Zürich 1938.

Gautschi, Willi: Der Landesstreik 1918, Zürich (3) 1988.

Gautschi, Willi: Lenin als Emigrant in der Schweiz, Zürich 1973.

Gisler Josef, Vermögensverteilung, Gewerbetopographie und städtische Binnenwanderung im spätmittelalterlichen Zürich. 1401–1425, in: Zürcher Taschenbuch auf das Jahr 1994, Zürich 1993, 29–59.

Goppold, Uwe: Politische Kommunikation in den Städten der Vormoderne. Zürich und Münster im Vergleich, Köln/ Weimar/ Wien 2007.

Graber, Rolf: Bürgerliche Öffentlichkeit und spätabsolutistischer Staat. Sozietätenbewegung und Konfliktkonjunktur in Zürich 1746–1780, Zürich 1993.

Grunder, Karl: Zürich, Neue Ausgabe IV. Die Stadt Zürich IV. Die Schanzen und die barocken Vorstädte. 2005 (Die Kunstdenkmäler der Schweiz, Bd. 105).

Gruner, Erich (Hg.): Arbeiterschaft und Wirtschaft in der Schweiz 1880–1914. Soziale Lage, Organisation und Kämpfe von Arbeitern und Unternehmern, politische Organisation und Sozialpolitik. 3 Bde. Zürich 1987–88.

Haegi, Oscar: Die Entwicklung der zürcher-oberländischen Baumwollindustrie, Weinfelden 1925.

Hafner, Urs: Kult, Macht und Glaube. Eine keine Geschichte des Zürcher Großmünsters, Zürich 2007.

Hamm, Berndt: Zwinglis Reformation der Freiheit, Neukirchen-Vluyn 1988.

Hauser, Albert: Der Bockenkrieg. Ein Aufstand des Zürcher Landvolkes im Jahre 1804, Zürich 1938.

Helbling, Barbara / Bless-Grabher, Magdalen / Buhofer, Ines: Bettelorden, Bruderschaften und Beginen in Zürich, Zürich 2002.

Huber, Peter: Stalins Schatten in der Schweiz. Schweizer Kommunisten in Moskau. Verteidiger und Gefangene der Komintern, Zürich 1994.

Hürlimann, Martin: Die Aufklärung in Zürich. Die Entwicklung des Zürcher Protestantismus im 18. Jahrhundert, Leipzig 1924.

Illi, Martin: Geschichte der Constaffel. Von Bürgermeister Rudolf Brun bis ins 20. Jahrhundert, Zürich 2003.

Imhof, Kurt/ Ettinger, Patrick/ Boller, Boris: Die Flüchtlings- und Aussenwirtschaftspolitik im Kontext der öffentlichen politischen Kommunikation, Zürich 2001.

Jacob, Walter: Politische Führungsschicht und Reformation. Untersuchungen zur Reformation in Zürich 1519–1528. Zürich 1969.

Jezler, Peter: Etappen des Zürcher Bildersturms. Ein Beitrag zur soziologischen Differenzierung ikonoklastischer Vorgänge in der Reformation, in: Bilder und Bildersturm im Spätmittelalter und in der frühen Neuzeit, hg. v. Bob Scribner, Wiesbaden 1990, S. 143–174.

Joris, Elisabeth/ Witzig, Heidi: Brave Frauen. Aufmüpfige Weiber. Wie sich die Industrialisierung auf Alltag und Lebenszusammenhänge von Frauen auswirkte (1820–1940), Zürich 1992.

Jost, Hans Ulrich: Die reaktionäre Avantgarde. Die Geburt der neuen Rechten in der Schweiz, Zürich 1992

Jung, Joseph: Alfred Escher 1819–1882. Der Aufbruch zur modernen Schweiz, Zürich 2006.

Kamis-Müller, Aaron: Antisemitismus in der Schweiz, Zürich 1990.

Kaufmann, Thomas: Geschichte der Reformation, Frankfurt a. M. 2009.

Kempe, Michael: Wissenschaft, Theologie, Aufklärung. Johann Jakob Scheuchzer (1672–1733) und die Sintfluttheorie, Epfendorf 2003.

Kempe, Michael/ Maissen, Thomas: Die Collegia der Insulaner, Vertraulichen und Wohlgesinnten in Zürich 1679–1709. Die ersten deutschsprachigen Aufklärungsgesellschaften zwischen Naturwissenschaften, Bibelkritik, Geschichte und Politik, Zürich 2002.

Klaus-Dieter Zöberlin: Die Anfänge des deutsch-schweizerischen Frontismus. Die Entwicklung der politischen Vereinigungen Neue Front und Nationale Front bis zu ihrem Zusammenschluss im Frühjahr 1933. Meisenheim 1970.

Kröger, Ute: „Zürich, du mein blaues Wunder. Literarische Streifzüge drurch eine europäische Kulturstadt, Zürich 2004.

Kröger, Ute/ Exinger, Peter: „In welchen Zeiten leben wir! Das Schauspielhaus Zürich 1938–1998, Zürich 1998.

Largiadèr, Anton: Geschichte von Stadt und Landschaft Zürich, 2 Bde., Zürich 1945.

Lau, Thomas: „Stiefbrüder". Nation und Konfession in der Schweiz und in Europa (1656–1712), Köln/Weimar/Wien 2009.

Lau, Thomas: Müßiggang ist aller Laster Anfang? Sodomitenverfolgung im Zürich des 17. Jahrhunderts, in: Frühneuzeit-Info 21 (2010), 58–66.

Lerner, Marc H.: A Laboratory of Liberty. The Transformation of Political Culture in Republican Switzerland, 1750–1848, Leiden 2011.

Leuppi, Heidi: Der Liber Ordinarius des Konrad von Mure. Die Gottesdienstordnung am Grossmünster in Zürich, Freiburg 1995.

Locher, Gottfried W.: Die Zwinglische Reformation im Rahmen der europäischen Kirchengeschichte, Göttingen 1979.

Loetz, Francisca: Mit Gott handeln. Von den Zürcher Gotteslästerern der Frühen Neuzeit zu einer Kulturgeschichte des Religiösen, Göttingen 2002.

Lütteken, Anett (Hg.): Bodmer und Breitinger im Netzwerk der europäischen Aufklärung, Göttingen 2009.

Maissen, Thomas: Die Geburt der Republic. Staatsverständnis und Repräsentation in der frühneuzeitlichen Eidgenossenschaft, Göttingen (2) 2008.

Maissen, Thomas: Geschichte der Schweiz, Baden 2010.

Maissen, Thomas, Verweigerte Erinnerung. Nachrichtenlose Vermögen und Schweizer Weltkriegsdebatte, 1989–2004, Zürich 2005.

Marchal, Guy P. / Mattioli, Aram (Hg.): Erfundene Schweiz. Konstruktionen nationaler Identität, Basel 2006.

Mattmüller, Markus: Leonhard Ragaz und der religiöse Sozialismus, 2 Bde., Zürich 1957/68.

Meili, David: Hexen in Wasterkingen. Magie und Lebensform in einem Dorf des frühen 18. Jahrhunderts, Basel 1980.

Müller, Iso: Die frühkarolingische Passio der Zürcher Heiligen, in; Zeitschrift für schweizerische Kirchengeschichte 65 (1971), S. 132–187.

Pahud de Mortanges, René: Schweizerische Rechtsgeschichte. Ein Grundriss, Zürich/ St. Gallen 2007.

Pfister, Ulrich: Die Zürcher Fabriques. Protoindustrielles Wachstum vom 16. Zum 18. Jahrhundert, Zürich 1993.

Puff, Helmut: Sodomy in Reformation Germany and Switzerland, 1400–1600, Chicago 2003.

Reiling, Jesko: Die Genese der idealen Gesellschaft. Studien zum literarischen Werk von Johann Jakob Bodmer (1698–1783), Berlin 2010.

Reinhardt, Volker: Die Geschichte der Schweiz. Von den Anfängen bis heute, München 2011.

Riess, Curt: Gottlieb Duttweiler, Hamburg/ Zürich 1959.

Ritzmann, Franz: Die Schweizer Banken. Geschichte – Theorie – Statistik, Bern/Stuttgart 1973.

Sablonier, Roger: Gründungszeit ohne Eidgenossen. Politik und Gesellschaft in der Innerschweiz um 1300, Baden 2008.

Schär, Markus: Seelennöte der Untertanen. Selbstmord, Melancholie und Religion im Alten Zürich, 1500–1800, Zürich 1985.

Schneebli, Robert: Zürich – Geschichte einer Stadt, Zürich 1986.

Schweizer, Paul: Der letzte Zürcher Hexenprozess, Zürich 1967.

Sieber-Lehmann, Claudius: Spätmittelalterlicher Nationalismus. Die Burgunderkriege am Oberrhein und in der Eidgenossenschaft, Göttingen 1995.

Sigg, Otto: Lob der Tüchtigkeit. Kleinjogg und die Zürcher Landwirtschaft am Vorabend des Industriezeitalters, Zürich 1985.

Sigg, Otto: Reichtum auf der Zürcher Landschaft im 17. Jahrhundert, in: ZTB 93 (1973), S. 50–72.

Stadler, Peter: Pestalozzi – Geschichtliche Biographie, 2 Bde. Zürich 1988/93.

Stercken, Martina: Städte der Herrschaft. Kleinstadtgenese im Habsburgischen Herrschaftsraum des 13. und 14. Jahrhunderts, Köln 2006.

Straumann, Tobias, Der kleine Gigant: der Aufstieg Zürichs zu einem internationalen Finanzplatz, in: Europäische Finanzplätze im Wettbewerb, hg. v. Institut für bankhistorische Forschungen, Stuttgart 2006, 139–169.

Stucki, Guido: Zürichs Stellung in der Eidgenossenschaft vor der Reformation, Aarau 1970.

Suter, Andreas: Der schweizerische Bauernkrieg von 1653. Politische Sozialgeschichte – Sozialgeschichte eines politischen Ereignisses, Göttingen 1997.

Sutter, Pascale, Von guten und bösen Nachbarn. Nachbarschaft als Beziehungsform im spätmittelalterlichen Zürich, Zürich 2002.

Tanner, Jakob: „Macht der Banken“: analytisches Konzept oder politischer Topos? Zum Bedeutungswandel einer kontroversen Kategorie, in: Kontinuität und Krise: sozialer Wandel als Lernprozess. Beiträge zur Wirtschafts- und Sozialgeschichte der Schweiz. Festschrift für Hansjörg Siegenthaler, hg. v. Ernst, Andreas, et al., Zürich: 1994, S. 319–341.

Teuscher, Simon: Kompilation und Mündlichkeit. Herrschaftskultur und Gebrauch von Weistümern im Raum Zürich (14.–15. Jh.), in: HZ (2001), S. 261–278.

Tröhler, Daniel: Johann Heinrich Pestalozzi, Bern 2008.

Ulrich, Anita: Bordelle, Straßendirnen und die bürgerliche Sittlichkeit in der Belle Epoque. Eine sozialgeschichtliche Studie der Prostitution am Beispiel der Stadt Zürich, Zürich 1985

Weinmann, Barbara: Eine andere Bürgergesellschaft. Klassischer Republikanismus und Kommunalismus im Kanton Zürich im späten 18. Und 19. Jahrhundert, Göttingen 2002.

Widmer, Sigmund: Zürich. Eine Kulturgeschichte, 13 Bde., Zürich 1975–1986.

Würgler, Andreas: Unruhen und Öffentlichkeit. Städtische und Ländliche Protestbewegungen im 18. Jahrhundert, Tübingen 1995.

Zimmer, Oliver: A Contested Nation. History, Memory and Nationalism in Switzerland, 1761–1891, Cambridge 2003.

Zotz, Thomas: Turegum nobilissimum Sueviae oppidum. Zürich als salischer Pfalzort auf karolingischer Basis, in: Frühmittelalterliche Studien, Berlin 36 (2002), S. 337–354.

Personenregister

Ortsregister (Zürich)

Bildnachweis

akg-images: 98
Baugeschichtliches Archiv Zürich: 155
Christoph Hurni: 110
Grün Stadt Zürich (http://commons.wikimedia.org; CC BY-SA 3.0): 141
http://commons.wikimedia.org: 19, 29, 45, 118, 131, 134, 144 (Foto: Rama),
    148, 149, 167
http://www.altepostkarten.ch (Th. Brantschen): 176
http://www.postales24.de (Versandhandel Boeger): 125
Fotalia.com – swisshippo: 182/183
nach Alte Zürcher Stadtansichten aus der Umgebung der Buchdruckerei Be-
    richthaus, Zürich 1979: 85
nach Die Alte Schweiz. Stadtbilder, Baukunst und Handwerk, Zürich 1922: 105
nach Die Stadt Zürich, Zürich 1896: 151
nach Hürlimann, Martin: Stadt und Land Zürich, Zürich1974: 23
nach Scheuchzer, Johann Jakob: Oyresiphoit es Helveticus sive itinera alpina tria,
    London 1708: 89
Privatbesitz: 75
SNM (Schweizerisches Nationalmuseum) – Landesmuseum Zürich: 11, 17, 57,
    58, 72, 113, 116, 171
Staatsarchiv des Kantons Zürich: 53
Stadtarchiv Bremgarten: 37
Zanoli, Marco (http://commons.wikimedia.org; CC BY-SA 3.0): 32
Zentralbibliothek Zürich: 83, 104, 139

Umschlaginnenseiten: Stadtplanausschnitt: © Merian-Kartographie; Blick vom
    Grossmünster auf Frauenmünster, Limmat und Zürichsee (Fotalia.com –
    djama); Umschlagrückseite: Waldmann-Denkmal von Hermann Haller mit
    den Türmen des Grossmünsters (ullstein bild – imageBROKER/Marina
    Horvat); hintere Klappe: Plan Zürichs um 1504 von Heinrich Keller, 1829
    (http://commons.wikimedia.org)

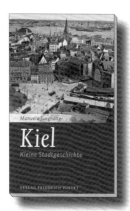